青春文庫

“うのみ”にしてたら、恥をかく
日本人の常識

話題の達人倶楽部［編］

青春出版社

はじめに

「春分の日と秋分の日は、昼と夜の長さが同じ」「ウーロン茶を飲むと太らない」「笑うとシワが増える」「アメリカの公用語は英語」――これらのなかで、どれか一つでも「その通り！」と思う項目がある方は、ぜひ本書を手にとっていただきたいと思います。それらは、すべて「ウソ」だからです。

多くの日本人が「それ、ジョーシキね」と思い込んでいる話にも、じつは根も葉もない話、真っ赤なウソという場合が、けっこうあるのです。たとえば、今どき「車を買うなら、3月と9月の決算期」などと思っていると、思わぬ損をすることもありえますし、「月の裏側は見えない」と思っているなら、それこそ大きな勘違いです。

この本では、そうした多くの人がなんとなく信じている常識を厳選して取り上げ、その真偽のほどにメスを入れました。本書をしっかり読んで、おかしな噂に惑わされることなく、ぜひ「本当の常識」を身につけていただきたいと思います。

2024年12月

話題の達人倶楽部

"うのみ"にしてたら、恥をかく日本人の常識■目次

第1章　日本人の「一般常識」のウラ……13

「寿司屋の味は玉子焼きでわかる」のウソ――職人の腕がわかる本当の「勝負ネタ」　14

「ニッパチは景気が悪い」のデータはあるのか――定説を覆す景気の最新事情　15

「アメリカの公用語は英語」ではない――あえて公用語の制定を避けるワケ　16

「裸で抱き合えば凍死しない」は間違い――抱き合う前にしなければいけないこと　18

「タコ焼きは大阪生まれ」ではありません――「ラジオ焼き」「明石焼き」がタコ焼きに!?　19

「春分の日と秋分の日は、昼と夜の長さが同じ」ではない――日の出、日の入り時刻の正しい考え方　20

「車を買うなら、3月と9月の決算期」は誤解――意外と知らないディーラーの裏事情　22

「日本人は西洋人より手先が器用」とは言い切れない――手先を使う機会が減った日本人　24

「水をチョロチョロと出すと、水道代の節約になる」はウソ――水道メーターの仕組み、その真実　25

「透明な氷は家で簡単に作れる」というのは勘違い――おいしい氷作りの「落とし穴」　26

「古い歯ブラシは熱いお湯で毛先がシャキッとする」は間違い――かえって逆効果になる!?　27

「県境を越えるとパトカーに追われない」に根拠はない――管轄外でも消えないその「証拠」　28

「フランスパンで革ジャンのお手入れができる」はウソ――その噂の元は一体どこ？　29
「若葉マークをつけていると事故を起こしても有利」はウソ――信じるとイタい目に遭う！　31
「車内にピーポくんを置けば、違反をまぬがれる」はデマ――〝ピーポくん伝説〟が広まった裏事情　32
「鶴と亀はめでたさのシンボル」とは言い切れない――そのイメージの源流にある意外なモノ　33
コラム1――その常識、間違っています　34

第2章　「食べ物の常識」のウラ……35

「中国料理に紹興酒は欠かせない」のウソ――本場では実際どうなの？　36
「赤ワインは冷やさないほうがよい」のウソ――フランスの常識は、日本では通用しない　37
「ニンニクを食べると精がつく」を信じてはいけない――ニンニク＝強精の〝神話〟　39
「さつまいもを食べると太る」はウソ――カロリーからわかる意外な事実　40
「ご飯はパンよりも太りやすい」は正しいとはいえない――ご飯か、パンかの比較は無意味　41
「王冠を叩いてビールの栓を抜くとおいしくなる」は気のせい――ビールをおいしく飲む必須条件　43
「辛いものを食べると痔になる」とはいえない――痔になるかどうかの分かれ道　44

「カルシウムで骨が丈夫になる」とはいえない――骨を強くするのに本当に必要なもの　45
「酒をちゃんぽんに飲むと悪酔いする」はフェイク――カクテルで悪酔いしないということは…　46
「ウナギと梅干しは食い合わせが悪い」に根拠はない――食い合わせの謎を科学する　48
「酢を飲むと寝つきがよくなる」に根拠はない――疲れをとるためのカシコい方法　49
「大根おろしは、ゆっくりおろすと甘くなる」のウソ――おろすスピードと甘さの微妙な関係　51
「純米酒は悪酔いしない」に根拠はない――純米酒、吟醸酒、焼酎…それぞれの味　52
「肉は腐る寸前がうまい」は間違い――おいしく食べるタイミングの法則　53
「月夜のカニはまずい」に根拠はない――カニの味が落ちる本当の理由　55
「みかんを食べすぎると黄疸になる」は間違い――皮膚が黄色くなる意外な仕組み　57

特集　その噂、どこまで本当?　59

第3章　「エンタメ・スポーツの常識」のウラ……71

「マラソンでは他人のうしろを走るのが有利」は間違い――かえって体力消耗する!?　72
「コンサート会場は満員だと音が悪くなる」はデマ――音の良し悪しを決める本当のポイント　73

「全身に金粉を塗ったままでいると窒息する」説の裏側――噂の発端をたどっていくと… 75
「ブーメランは投げると戻ってくる」というのはウソ――戻ってくるのは練習用だけ!? 76
「フラメンコは、スペインの代表的な文化」ではない――フラメンコの文化的背景は? 78
「スリーボールからバットを振ってはいけない」の謎――目には見えない日米の野球観の違い 79
「プロ野球のコーチはベンチ入りするもの」ではない――プロ野球と高校野球の意外な力関係 81
「男性しかプロ野球選手になれない」はちょっと違う――女子野球選手の動向、いま昔 82
コラム2　その常識、間違っています 84

第4章　「日本と世界の歴史常識」のウラ……85

「『古事記』は、日本最古の書物」ではない――もっと古い歴史書があった 86
「平安時代の貴族は、肉食をしなかった」というのはウソ――どうやって折り合いをつけたのか 88
「長篠の戦いの信長勝利は、鉄砲の三段撃ちが決め手」ではない――信長の知略エピソードの裏側 89
「上杉謙信は、武田信玄に塩を送って助けた」とはいえない――本当は何が起きたのか 91
「毛利元就は『三本の矢』の話で兄弟の結束を訴えた」ことはない――ネタ元はいったいどこに? 93

「天王山が天下分け目の戦い」というのはウソ——慣用句になるまでの経緯 95
「江戸時代の庶民は字が読めなかった」説は信じられない——侮ってはいけない庶民の知的レベル 97
「関所破りは極刑に処せられた」といわれるが…——「関所破り」か、「藪入り」か 98
「坂本龍馬の亀山社中は、日本最初の株式会社」ではない——株式を出していなかった亀山社中 100
「板垣退助の『板垣死すとも…』」は作り話——襲われた板垣が最初にいった言葉 101
「日本海海戦で、バルチック艦隊は全滅した」は大げさ——残った軍艦のその後 103
「項羽が劉邦に負けたのは、人望がなかった」からではない——伝説のシーンの裏側 105
「帝王切開の『帝王』は、ジュリアス・シーザーのこと」ではない——どうやって結びついた? 107
「暴君ネロはローマに放火した」というのは噂にすぎない——なぜ悪行に尾ひれがつくことに? 109
「サーロインステーキと名付けたのはヘンリー8世」ではない——もっともらしい話に思えるが… 110
「ギロチンの発明者は、ギロチン」ではない——それでも名前が残った理由 112
「もっとも若く就任した米大統領はJFK」ではない——浮かび上がる意外な人物 114
「最初に大西洋を飛行機で越えたのはリンドバーグ」ではない——それ以前の66人との決定的違い 115
「オリンピックは参加することに…」とクーベルタンはいっていない——正確に伝わらなかったその本音 117
「アインシュタインは劣等生だった」とはいえない——幼いころから見せていた「天才」の片鱗 118
「ルイ14世は『朕は国家なり』といった」は間違い——記録に残っていない発言が流布したワケ 120

「一国の宰相よりダービー馬のオーナーに…」はチャーチルの言葉ではない――イギリス人も知らない〝名言〟 121
「ナポレオンのロシア遠征が失敗したのは、冬将軍のせい」ではない――ではなぜ大敗したのか 122
「進化論を最初に唱えたのは、ダーウィン」であるとはいえない――その起源は古代ギリシアから 124
『パンがないならお菓子を…』はマリー・アントワネットの言葉」ではない――「出典」から見えてくる歴史の真実 125
「モーツァルトの葬儀の日は嵐だった」のウソ――その「死」をめぐる謎と真実 127
「クリスマスはイエス・キリストの誕生日」ではない――クリスマスとキリスト教のつながり 129
「禁酒法時代、飲酒は禁止されていた」わけではない――どんな経緯で〝ザル法〟化した？ 130
コラム3　その常識、間違っています 132

第5章　「体の常識」のウラ……133

「神経質な人はやせている」に因果関係はない――体型と性格とを結びつけてしまうのは？ 134
「恐ろしい体験をすると、髪の毛が真っ白になる」はウソ――気になる因果関係を科学で読み解く 135
「毛を剃ると濃くなる」というのは俗説――俗説がまかり通る二つの理由 137
「笑うとシワが増える」説を信じてはいけない――シワができる原因から考える 138

「ツメの根元の半月で健康状態がわかる」のウソ――もっと大事なポイントがある！ 139
「注射のあとは風呂に入ってはいけない」って誰が言い出した？――いまや〝過去の常識〟？ 141
「片側の視力が悪いと、もう一方も悪くなる」に根拠はあるか――目の機能からいえば、答えは逆!? 142
「白髪は抜くと増える」説を検証する――白髪を抜いてはいけない本当の理由 144
「緑色は目にいい」説をあらためて考える――色彩と目にはどんな関係がある？ 145
「サラダを食べると肌がきれいになる」説はどこまで本当？――肌にとって最重要の栄養素とは？ 147
「塩分をとりすぎると高血圧になる」の科学的根拠とは？――注意しておきたいポイント 148
「お湯で顔を洗うとシワになる」説にはウラがある――お湯か水かより、気をつけるべきこと 150
「貧血の人は血液の量が少ない」わけではない――貧血になりやすい人はこの数値をチェック！ 151
「ニキビは数えると増える」説がひろまった事情――数えただけでは増えない医学的根拠 152
コラム4 その常識、間違っています 154

第6章 「科学・自然の常識」のウラ……155

「馬の年齢を4倍したら人間の年齢になる」のウソ――単純に4倍では解けない謎 156

「切り株の年輪を見ると、方角がわかる」は間違い――日本人が知らない年輪の不思議な話　157
「雷が鳴れば、梅雨明け」説の真相は？――梅雨と雷の本当の関係　159
「犬は雑種のほうが利口」説はどこから生まれた？――そもそも利口な犬とは？　160
「マリモは生長するのに何百年もかかる」説はどこからきたか――マリモの生態をめぐる謎　161
「ゾウの墓場」伝説が広く信じられるようになった理由――墓場伝説がアフリカに集中？　162
「ダチョウは危険が迫ると、砂に頭を突っ込む」のウソ――誤解を招いたダチョウの習性　163
「月の裏側を見ることはできない」とはいえない――月の裏側を地球から見るコツ　164
「白鳥は死ぬ前に一度美しい声で鳴く」説の真相は？――白鳥の歌の伝説が生まれた理由とは　166
「タヌキのタヌキ寝入り」は現実と違う――その習性が誤解され…　168
「フクロウは暗闇でも目が見える」を信じてはいけない――見えてなくても活動できる理由　169
「サメは砂糖水を飲むと死んでしまう」説には裏がある――医学的根拠はないのに…　170
コラム5　その常識、間違っています　172

DTP■フジマックオフィス

第1章

日本人の「一般常識」のウラ

「寿司屋の味は玉子焼きでわかる」のウソ
――職人の腕がわかる本当の「勝負ネタ」

寿司屋で、玉子焼きから食べはじめるという人がいる。料理は、玉子に始まり玉子に終わる、といわれるように、玉子焼きには、料理人の腕がはっきり出る。だから、玉子焼きを食べれば、その店の職人の腕がわかるという理由からである。

ところが、最近では、本当の寿司通は、玉子焼きから食べたりはしない。というのも、大半の店では、玉子焼きを自店で焼いていないからである。

魚河岸には、玉子焼きを売っている店がたくさんあり、最近は、そこで買ってくる寿司屋が増えている。自分の店で焼いていないのであれば、玉子焼きでその店の味がわかるはずもない。

また、自家製の玉子焼きを作っている店でも、真っ先に玉子焼きを注文するのは歓迎されないという。玉子焼きはあくまで脇役であって、職人の勝負ネタではないからだ。コハダやシメサバのほうが、職人の技量をはかるには適している。

どうしても、玉子焼きを食べたいのなら、むしろ最後に食べたほうがいい。甘い玉子焼きをデザート感覚で食べられるからである。

また、箸休め感覚で、途中ではさむのも悪くない。そのときは、「玉子をつまみで」と頼み、ご飯なしでつまむのもなかなか通《つう》っぽい。

「ニッパチは景気が悪い」のデータはあるのか
——定説を覆す景気の最新事情

2月と8月は景気が悪くなることから、昔から「ニッパチ」といわれてきた。正月後の2月と、お盆の8月は、客足が遠のき、お客の財布のひもが締まり、売上げが落ちるからである。とくに、水商売の世界では、2月と8月は「涙月《なみだづき》」と呼ばれていた。しかし、いまでも、2月と8月は景気が悪くなると信じていたら、ちょっと時代遅れだろう。

たしかに、昔は、正月にお金を使うので、2月には財布のひもが固くなるとか、8月は、多くの人が帰省するため、人々が活動を控え、景気が落ち込むといわれた。

実際、2月と8月はものが売れず、飯食店なども閑古鳥が鳴き、大きなニュースのないマスコミも、「ネタ枯れの時期」と呼んでいた。

しかし、いまでは、休暇の時期が分散するようになっている。また、世の中が豊かになって、正月にお金を使ったから2月の出費を抑える、という人も減っている。昔は、2月と8月に閑古鳥の鳴いていた歓楽街や温泉地でも、2月と8月に客数が落ち込むという傾向は見られなくなっている。

もちろん、この約三十年間、景気が低迷しているという事情はあるが、それは2月、8月に限らないことである。現在では、「ニッパチ」といって景気の悪さを嘆く経営者は、経営努力が足りないと見たほうがいいだろう。

「アメリカの公用語は英語」ではない

――あえて公用語の制定を避けるワケ

世界でもっとも多くの人に話されている言葉は、英語である。世界の192の国と地域のうち、英語を母国語か公用語、または準公用語にしている国は、じつに50

か国にものぼる。

さらに、第二次世界大戦後、あらゆる分野で世界をリードしてきたアメリカの影響で、英語はいまや〝世界共通言語〟化している。

ところが、そのアメリカの公用語は英語ではないといえば、驚く人は多いだろう。アメリカ連邦政府は、移民国家と多言語社会という実態を踏まえて、公用語の制定をあえて避けているのである。

たとえば、ロサンゼルスには、世界約150か国からの住民が住み、学校では80以上の言語が話されているという。実際、ロサンゼルスでテレビを見ると、スペイン語はもちろん、フランス語、ドイツ語、日本語、北京語の放送もあるし、街でもさまざまな言語表記を目にする。

それでも、もちろん大半の国民は英語を話しているし、英語を公用語に制定する法案も再々議会に提出されている。しかし、そのたびにヒスパニック系議員らの力によって、廃案へ追い込まれている。

その代わり、州レベルでは英語を州公用語にしているところが、アメリカ東部と南部を中心に30州ほどある。ヒスパニック系が多いロサンゼルスのあるカリフォルニア州でも、1986年、住民投票によって、英語が州の公用語に指定されている。

「裸で抱き合えば凍死しない」は間違い
——抱き合う前にしなければいけないこと

雪山で遭難して、やっとたどりついた山小屋。ガタガタ震える彼女の濡れた服を脱がして自分も裸になり、しっかりと抱き合う——。

昔のドラマにはそんなシーンがあったものだが、裸で抱き合っていれば本当に凍死しないのだろうか。

専門家によると、本物の登山家で、そんなことをする人は1人もいないという。

たしかに、山小屋にたどりついたあと、濡れた服のままでいるのはよくない。濡れた衣服が体温を低下させ、凍死する恐れがある。しかし、裸のままでいるわけではなく、乾いたシャツなどを用意していればそれを身につける。

むろん、お湯がわかせればお湯をわかし、火を燃やせれば火を燃やす。お湯や火が使えれば、ただちにその準備をする。

　また、遭難すると、手足が凍傷になる恐れがある。もし、手足が冷たくなって変色していれば、その指をしゃぶったり、おしっこをかけて温めなければならない。食糧の心配もしなければならないし、山小屋の状態や場所の確認など、しなければならないことは山ほどあるのだ。とても、裸で抱き合っている余裕はないのである。

　雪山で遭難して、乾いた衣服の用意もなく、裸で抱き合うしか方法がないとしたら、ほぼ絶望的な状況だと思ったほうがいい。

「タコ焼きは大阪生まれ」ではありません
――「ラジオ焼き」「明石焼き」がタコ焼きに!?

　タコ焼きといえば、大阪名物という印象があるが、じつはタコ焼きは純粋の大阪生まれではない。

　大阪でタコ焼きの元祖とされる会津屋は、開店当初の1935年（昭和10）ごろ、いまのタコ焼きに似た「ラジオ焼き」を売り出した。このラジオ焼きは牛肉入りだったのだが、その牛肉の値段が高騰し、ラジオ焼きは庶民が手を出せない高級品になってしまった。そんなとき、お客から、「明石ではタコを入れてるで」と教えられたという。

神戸の西方にある明石市は、昔から有名なタコの産地。その地の名物である「明石焼き」には、そのころからタコが入っていたのだ。

タコ焼きがメリケン粉主体なのに対し、明石焼きは卵の黄身が多めで、中にタコを入れ、ダシ汁につけて食べる。

その明石焼きをヒントに、会津屋ではラジオ焼きにタコを入れてみた。すると、これが大阪でも大ヒット。それ以来、ラジオ焼きはタコ焼きに変身して、大阪を代表する食べ物になったのである。

「春分の日と秋分の日は、昼と夜の長さが同じ」ではない

――日の出、日の入り時刻の正しい考え方

春分の日と秋分の日は、昼と夜の長さが同じというのは、小学生でも知っていることだろう。「太陽が真東から昇り、真西に沈むからだよ」と理由まで説明できる

小学生もいるかもしれない。

では、新聞で、春分の日と秋分の日の日の出と日の入り時刻を調べてほしい。昼の長さと夜の長さが、１００％同じではないことがわかるだろう。どちらも、昼のほうが長くなっている。

たとえば、２０２４年の春分の日の日の出時刻と日の入り時刻（東京）を見てみると、5時45分と17時53分となっている。昼の長さが12時間8分。夜の長さが11時間52分。昼のほうが16分も長いのだ。

なぜ、昼のほうが長いのだろうか。その理由は、二つある。

たしかに、春分の日と秋分の日、昇る太陽の中心は、真東の地平線を通過する。そして、12時間後、沈む太陽の中心は、真西の地平線を通過する。ところが、日の出と日の入り時刻は、太陽の中心で決められてはいない。太陽がほんの少しでも地平線から頭を出せば日の出、太陽がすっかり地平線の下に姿を隠したときが日の入りである。そのため、太陽一つ分だけ、昼が長くなるのだ。

もう一つの理由は、地球の大気が、太陽の光を屈折させるためである。この影響で、実際は地平線の下に太陽があるときも、地平線の位置にあるように見えてしまう。

その結果、目で見る日の出は、現実の日の出より早く、目で見る日の入りは、現実の日の入りより遅くなる。

以上の二つの理由から、春分の日や秋分の日でも、昼のほうが若干ではあるが長くなる。長くなる時間は、緯度によって変化し、東京で16分〜18分ほど。また、昼夜の時間が完全に同じになる日は、春分の日、秋分の日のそれぞれ4日ほど後のことである。

「車を買うなら、3月と9月の決算期」は誤解
——意外と知らないディーラーの裏事情

新車購入術のイロハとして、「買うならば、3月と9月の決算期に限る」というのがある。こういわれてきたのには、もちろん理由がある。

自動車メーカーは、3月が決算期、9月が中間決算期なので、傘下のディーラーをつかい、車の販売キャンペーンを展開するのが恒例になっている。売上げを少し

でも伸ばして決算をよくしたいからである。

そのため、メーカーは、ディーラーに対して支援金を出す。これが値引き資金に振り向けられるため、3月と9月は、値引き率が高くなるというのである。

また、ディーラーとしても、キャンペーン期間中には、1台でも多くの新車を売りたいと考える。そこで、少々の無理なら聞いてくれるというメリットもあるというわけだ。

以上が、車を買うなら、3月と9月に限る、といわれる理由だった。

しかし、本当のところは、何も3月と9月だけに限ることはない。というのも、この種の販売キャンペーンは、6月、7月の夏期ボーナスシーズン、11月、12月の冬期ボーナスシーズンにも行われているからだ。

また、ディーラーによっては、2〜3月、9〜10月を決算期とセットにして、キャンペーンを実施している。

つまり、決算月に限らなくても、カーディーラーはたいていキャンペーンを実施しているのである。交渉する気持ちがあれば、いまやいつ車を購入してもたいした差はなくなっている。

「日本人は西洋人より手先が器用」とは言い切れない
――手先を使う機会が減った日本人

日本人には、昔から手先が器用という自負がある。

たしかに、日本人は多方面で器用さを発揮し、西洋人も日本人の細かな職人芸に感心してきた。

ところが、最近の日本人に限ると、とても手先が器用だとはいえないという声もある。日本人が手先を細かく使う機会がどんどん減ってきているからだ。

たとえば、子どもは小刀で鉛筆を削らなくなり、プラモデルも昔ほどにはつくらなくなった。また、女性も、日常的に編み物や裁縫をする人は、以前ほどいなくなった。

そのため、全体的に見れば、不器用な日本人が確実に増えてきているといえるのだ。

「水をチョロチョロと出すと、水道代の節約になる」はウソ
――水道メーターの仕組み、その真実

久しぶりの物価高のなか、節約できるものはしっかり節約したいと思っている人は多いことだろう。そこで真偽を確かめておきたいのが、昔から語られてきた「風呂の水をチョロチョロとためると、水道代の節約になる」という噂である。水をチョロチョロ出すと、水道メーターが回らないというのだ。

ところが、この話、まったくのウソである。家庭用の機械式の水道メーターの内部には、水車を横にしたような羽根車がある。メーター内を水が流れると、その羽根車が回転。回転数によって、表示部分の針が動く仕組みになっている。

したがって、チョロチョロと水を流しても羽根車は回転するので、メーターは上がっていく。たしかに、水を勢いよく出すより回転速度は遅いが、そのぶん時間がかかる。結局、水をチョロチョロ出そうが、勢いよく出そうが、表示される水の量に変わりはないのだ。

「透明な氷は家で簡単に作れる」というのは勘違い
――おいしい氷作りの「落とし穴」

家の冷蔵庫で凍らせた水は、泡が混入して白く濁ってしまう。それに比べて、ショット・バーで出される氷は、きれいに透き通っている。

家でウイスキーを飲むときも、ショット・バーのような透明な氷がほしい、というと、家庭でも透明な氷を作るコツを知っている、という人もいるだろう。

一般に知られている方法は、まず水を沸騰させ、体温くらいに冷ましてから冷凍庫へ入れるというもの。そうすればたしかに、透明な氷ができあがることがある。ところが、この方法は冷蔵庫に大きな負担をかけることになる。通常、冷蔵庫や冷凍庫へ入れるのは、常温以下のものが想定されている。それよりも温かいものを入れると、冷凍庫内の温度が上がり、機械に負担をかけることになるのだ。

最近は、動物の形や球体など、さまざまな形の氷が作れる製氷皿が売られている。家庭では、透明な氷をあきらめて、氷の形のおもしろさを楽しんではいかがだろう。

「古い歯ブラシは熱いお湯で毛先がシャキッとする」は間違い
——かえって逆効果になる!?

使い古した歯ブラシは、毛先が広がってくるものだ。

だからといって、その歯ブラシに熱いお湯をかけて、シャキッとさせようなどと考えてはいけない。熱いお湯をかけても、わずかな時間、シャキッとしたように見えるだけのこと。それどころか、熱いお湯をかけたとたん、歯ブラシの毛がパラパラと抜け落ちることもある。

歯ブラシの毛と植毛部の柄の部分を比較すると、熱による膨張率が違っている。そのため熱いお湯をかけると、植毛部の穴が広がってしまい、毛が抜けやすくなるのである。

歯ブラシは、ドラッグストアでも100円ショップでも安く売られている。毛先の広がった歯ブラシを修復しようとするより、さっさと新しいのと取り替えたほうがいい。

「県境を越えるとパトカーに追われない」に根拠はない

――管轄外でも消えないその「証拠」

アメリカでフリーウェイを気分よくドライブしていると、隣の州に入ったとたん、スピード違反でつかまることがある。州によって制限速度が違うため、同じスピードでも、隣の州ではスピード超過になることがあるのだ。

それに比べて、日本の高速道路の制限速度は、原則的に全国一律。「えっ、大阪の名神高速やったら大丈夫やのに」といういいわけは通用しない。

その代わりといってはなんだが、アメリカの州警察と同じように、パトカーに追われても、県境を越えてまでは追跡してこない場合はあるといわれる。

これは、日本の警察も、原則としてその管轄を都道府県域内に限っているからである。

アメリカの州警察は、このあたりの線引きがはっきりしているが、日本の警察にもそれなりの線引きはあるようだ。

しかし、これで逃げきれたと思ってはいけない。パトカーは追ってこなくても、スピード違反の証拠は残る。警察がその証拠を押さえていれば、後日、検挙されることになる。

ちなみに、大事件の場合は、ただちに複数の警察本部による合同捜査に切り替えられる。

たとえば、検問を突破した車がパトカーに体当たりをし、結局、他県で運転手が逮捕された事件がある。このような悪質な事件では、県境に関係なく、パトカーはどこまでも追いかけてくる。

「フランスパンで革ジャンのお手入れができる」はウソ
――その噂の元は一体どこ？

パンが消しゴムの代役になることを、ご存じだろうか？

消しゴムがないときは、パンでゴシゴシすれば、鉛筆で書いた文字や絵を消すことができるのだ。

こんな生活の知恵が知られているからだろうか、世間にはいつのころからか、「フランスパンで、革ジャンのお手入れができる」というハウツウが広まっている。表面の汚れが、消しゴムで落とせるというのである。

だが、うっかりこんな噂を信じたら、「この革ジャン高かったのに、どうしてくれんだよ」と嘆くことにもなりかねない。

もちろん、パンで鉛筆の文字が消えるぐらいだから、革ジャンの汚れをある程度落とすことはできるかもしれない。しかし、焼き上がりから時間の経ったフランスパンは、こん棒のように硬くなっている。そんなに硬いもので、ゴシゴシこすれば、せっかくの革ジャンが傷だらけになりかねない。

また、パン粉が表面に付いたまま、気づかずにいると、そこにカビが生える可能性もある。

革製品は、カビによって色落ちするため、革ジャンがまだらになるということにもなりかねないのである。

革ジャンのお手入れには、やっぱり専用クリーナーを使うのがいちばんである。

「若葉マークをつけていると事故を起こしても有利」はウソ
――信じるとイタい目に遭う！

ドライバーの中には、「若葉マークをつけていると、事故を起こしたときに有利になる」という人もいる。しかし、警察に問い合わせると、「若葉マークをつけているから有利ということはありません」とキッパリ否定されてしまう。「他のドライバーと同じように、事故処理を行います」ということだ。

ただし、裁判まで持ち込まれたときは、事故原因や状況によって、ドライバーが初心者であることが考慮され、判決が軽くなることはありうるようだ。もちろん、飲酒運転や信号無視など、ドライバーに重大な過失がある場合は論外だが、天候状態や道路状態の悪さなど、初心者にも同情の余地があるときは、考慮してもらえるケースがあるという。

また、初心者の中には、スピード違反や一方通行違反などで取り締まりを受けたとき、「初心者なので」と言い訳をする人もいるというが、交通違反にも、若葉マークの有無はいっさい考慮されない。

「車内にピーポくんを置けば、違反をまぬがれる」はデマ
――〝ピーポくん伝説〟が広まった裏事情

警視庁のマスコットで、小学生向けの交通教室などによく登場するピーポくん。これがなかなか〝使える〟という評判が一部で噂されてきた。

ピーポくんのぬいぐるみを車内に置いたり、フロントガラスにぶら下げておくと、お巡りさんが違反を見逃してくれるという噂である。

そもそも、ピーポくんを車内に置くような人は、警察関係者以外にはあまり考えられない。そこで、お巡りさんも、ドライバーを警察関係者だと思って、ついつい見て見ぬふりをしてくれるというのが、その論拠である。

一見説得力のありそうな話だが、これは一般ドライバーの期待を込めた単なる噂話。警察は、ピーポくんが市販されていることももちろん知っているわけで、あるなしにかかわらず、平気で違反切符を切る。

「鶴と亀はめでたさのシンボル」とは言い切れない
――そのイメージの源流にある意外なモノ

古来、日本では、「鶴は千年、亀は万年」といわれ、鶴と亀はおめでたいことのシンボルとして、着物や帯の柄をはじめ、さまざまな意匠に使われてきた。

しかし、日本でおめでたいものでも、外国では不吉のシンボルになってしまうこともある。たとえば、北欧では、鶴は不吉の鳥とされている。北欧に出かけたとき、もし和服でお祝いの席に出るなら、鶴の柄は避けたほうが無難だろう。

一方、中国では、亀を悪魔の使いとして嫌う向きもある。おめでたい席に、亀を連想させるような絵柄の衣服は、失礼になるケースもあるかもしれない。また、日本では、おめでたい樹木である松も、中国では棺桶に用いるので敬遠する人もいる。

鶴や亀、松のおめでたいイメージも、国が変わればまったく逆になることもあるというわけだ。

コラム 1

その常識、間違っています

SOS――"Save Our Ship" の略語ではない

モールス信号は、アメリカのモースが考案した電信の符号で、長短2種の符号をさまざまに組み合わせて文字の代わりに用いるもの。短いものがトン、長いものがツーと聞こえることから、別名「トン・ツー」とも呼ばれている。

そのモールス信号で「SOS」が遭難信号として使われるようになったのは、20世紀の初め。1906年にベルリンで開かれた国際無線電信会議で、船舶や航空機などが危険にさらされたとき、救助を求めるための信号として提案され、1912年のロンドン国際無線電信会議で採用が決まった。

このSOSの意味だが、Save Our Ship（我が船を救え）の略だとも、Save Our Soul（我がたましいを救え）の略だともいわれているが、本当はそんなに深い意味があるわけではない。単にSOSを信号にすると、覚えやすく、打ちやすく、かつ聞き取りやすかったためこれに決まっただけである。

Save Our Ship とか、Save Our Soul の略というのは、あとからつくられた話である。

第2章

「食べ物の常識」のウラ

「中国料理に紹興酒は欠かせない」のウソ

――本場では実際どうなの？

日本料理には日本酒、フランス料理やイタリア料理にはワイン、ドイツ料理にはビールと、その国の料理にぴったり合う国民酒があるもの。

といえば、「中国料理には、やっぱり紹興酒《しょうこうしゅ》が合うよね」という人もいるはずである。実際、日本の中国料理店には紹興酒が置いてあって、紹興酒を飲みながら中国料理を楽しむ人は少なくない。

ところが、中国では、必ずしもそうではない。多くの中国人は、紹興酒を飲みながら、料理を食べたりしないのだ。たとえば、中国の東北地方の人々は、度数の高い白酒《パイチュウ》を飲みながら食べる人が多い。

そもそも、紹興酒は杭州という一地方の地酒である。もとは、娘が生まれたとき、お祝いで作った酒をカメに入れて地下に埋め、20歳前後で結婚するとき、掘り出して飲むという酒だった。

そんな中国南部の地酒が日本で広まったのは、中国料理が広州や福建など中国南部の人々によって、日本に伝えられたからとみられている。

そもそも、中国料理は、料理そのものの味がしっかりしているため、特定の酒に合うというより、あらゆる酒と組み合わせることができる。そういえば、近年の日本では、ワインを置く中国料理店が増えている。

「赤ワインは冷やさないほうがよい」のウソ
――フランスの常識は、日本では通用しない

「白ワインは冷やして飲み、赤ワインは室温で飲む」というのが、ワインの飲み方の常識になっている。

赤ワインを冷やさないのは、その特徴であるブーケ（香り）をよりよく発散させるため。赤ワインを冷やすと、せっかくの香りが飛んでしまうのだ。

そのため、フランスでは、そのワインを飲む1日か2日前から、ボトルを部屋の中に立てておいた。こうして、ワイン中の澱《おり》をビン底に沈めると同時に、室温にな

じませたという。

ところが、そのフランスの常識をそのまま日本に持ち込むと、意外な落とし穴にはまってしまう。その落とし穴とは「室温」の差である。

パリは、東京や大阪よりも気温が低い。パリでいう「室温」は、日本人の感覚よりずっと低いと思ったほうがいい。

実際、赤ワインの適温の目安は、ボルドーの赤ワインで15～16℃、ものによっては18℃くらいである。

一方、日本では室温が20℃以上になることが珍しくない。そんな室温にワインの温度を合わせると、グラスに鼻を近づけただけで、発散するアルコールのにおいにムッとするだろうし、口にふくんでも生ぬるく感じるだけだろう。ましてや、いまや世界でもトップクラスの暑さを誇る日本の真夏に、「赤ワインは室温で」などといっていると、味も香りも台無しのワインを飲むはめになる。

「赤ワインはフランスの室温で」と知っておかないと、赤ワインの本当の味わいを堪能できないのである。

「ニンニクを食べると精がつく」を信じてはいけない
――ニンニク＝強精の〝神話〟

昔、中国で、万里の長城が築城されたとき、建設のために駆り出された人たちは、過酷な重労働に耐えるため、野生のニンニクを食べた、という記録がある。

このように「ニンニクを食べると元気になる」という話は、かなり古くから広まっていたようだ。

現在の日本でも、その効果の信奉者は少なくなく、仕事で疲れを感じたり、夏バテ気味のとき、「ニンニク料理でも食べて、元気を出すか」と考える人は多いだろう。

たしかに、ニンニクには、調味料として食欲増進効果もあるし、食べると一時的に体力を回復させ、精力を増強させるパワーもある。

ところが、ニンニクを長期間にわたって食べ続けると、かえって逆効果になるという。

というのは、ニンニクに多量に含まれているアリシンという成分は、赤血球の中からヘモグロビンを追い出す働きをするからだ。

そのため、ニンニクを食べ続けていると、貧血をおこしたり、体力や精力を減退させることになってしまうので注意が必要だ。

ニンニクは、「最近、元気がないな」とか「疲れたな」と思うときに、少量だけ食べるのが効果的といえる。

「さつまいもを食べると太る」はウソ
――カロリーからわかる意外な事実

さつまいもは、いも類の中でももっとも甘い部類。それは、主成分のデンプンのほかに、ショ糖、ブドウ糖、マンニットなどの糖分を多く含み、加熱すると、デンプンの一部が糖分に変わるからである。

ただ、「さつまいもを食べると太る」という話は、必ずしも当たっていない。さつまいもがほかのいも類に比べて、とくにカロリーが高いわけではないのだ。それなのに、さつまいもを食べると太ると思われがちなのは、おやつや夜食として食べられることが多いため、総カロリーの取りすぎとなって、結果として太ってしまうことがあるからだろう。

悪いのはさつまいもではなく、ついつい食べすぎてしまうことなのだ。石焼きいもを食べたときは、食事の量を減らすなど、総カロリーに注意すれば太ることはない。「さつまいも＝太る」と決めつけては、さつまいもに気の毒である。

「ご飯はパンよりも太りやすい」は正しいとはいえない
――ご飯か、パンかの比較は無意味

女性には、「ご飯を食べると太るから、朝と昼はパンにしているの」という人がいる。

しかし、事実はまったくその逆。実験によると、「パンのほうが太りやすい」という結果が出ている。

たしかに、ご飯とパンのカロリーを単純比較すると、ご飯のほうが高くなる。し

かし、そもそも太るというのは、血液中を流れる脂肪分を脂肪細胞が取り込んでしまうことが原因となる。

そして、この活動を活発にするのが、別名「肥満ホルモン」と呼ばれるインシュリンである。そこで、ご飯とパンとでは、どちらがインシュリンの量を増やすかを調べると、パンを食べたときのほうが多いのだ。

つまり、ご飯よりパンを食べたときのほうが、おかずとして食べた栄養を脂肪分として取り込み、太りやすくなるというわけである。

ただし、これは、副食がまったく同じものと仮定した場合の話である。現実問題としては、おかずに何を食べるかということが、太る太らないにはより大きく影響する。

たとえば、ご飯のおかずは脂肪分が多く、パンの副食がヘルシーなら、その場合はご飯を食べたほうが太りやすくなってしまう。そもそも、パンとご飯のどちらが太りやすいかと考えるより、食事全体のカロリー・内容で考えなければ、ほとんど無意味である。

「王冠を叩いてビールの栓を抜くとおいしくなる」は気のせい
——ビールをおいしく飲む必須条件

ビンビールの栓を抜くとき、王冠をコンコンと叩く人がいる。真夏の夕方など、この「コンコン」を聞くと、思わず喉がゴクンと鳴るという人もいるだろう。

ただ、うまいビールを飲みたいと思うなら、王冠は叩かないほうがいい。

ビールの味は、少しの衝撃でも微妙に変化する。おいしいビールが飲みたければ、振動や衝撃を与えないよう、やさしく扱うのがポイントなのだ。だから、栓抜きで王冠を叩くのは、まったく無意味な行為であり、強く叩きすぎると、泡が吹き出ることもある。

なお、ビールは、冷やしすぎても味が落ち、泡立ちが悪くなる。冷蔵庫でビンビールを冷やすなら、夏は5～6時間、冬は2～3時間が目安になる。冷蔵庫にビールを入れっぱなしにするのではなく、晩酌に飲むビールはその日に入れるのが、おいしく飲むコツだ。

「辛いものを食べると痔になる」とはいえない
——痔になるかどうかの分かれ道

日本では昔から「辛いものを食べすぎると痔になる」といわれてきた。ただ、現代の目から見ると、この「辛いものを食べると痔になる」といういい伝えは、医学的な根拠に乏しくなってきている。

もちろん、辛いものを食べすぎたとき、肛門のあたりが痛くなったり、むずがゆくなったりする人はいる。それは、辛いものを食べると、肛門の血管が収縮して鬱血するためである。それが原因となって痔になることもある。

しかし、これはきわめて個人差が大きく、わさび漬けを食べただけで肛門がおかしくなるという人もいれば、激辛フーズを毎日食べても平気という人もいる。第一、辛いものを毎日のように食べている韓国の人は、日本人よりも痔に悩む人が少ないのである。

要するに、辛いものを食べて痔になるかならないかは、個人的な体質が大きく関係していて、一概に「辛いものを食べると痔になる」とはいいきれないのである。

「カルシウムで骨が丈夫になる」とはいえない
——骨を強くするのに本当に必要なもの

骨といえば真っ先に思い浮かぶのがカルシウム。いまや「カルシウムが骨を丈夫にする」というのは、誰もが知っている常識である。

今は、骨に「す」が入ったようにスカスカになる「骨粗鬆症《こつそしょうしょう》」を防ぐためにも、食品にカルシウムを配合し、「カルシウム入り」と銘打って売り出しているものも多い。

スーパーをのぞいてみると、カルシウム入り牛乳をはじめ、ヨーグルト、子ども向けのビスケットや、カルシウム入り納豆まで登場している。では、このような食品でカルシウムを摂取すれば、骨は丈夫になるのかというと、じつはそうともいえないのである。

骨は、たんぱく質を基礎として、そこにカルシウム、マグネシウム、リン、ナトリウムといったミネラルが付着してつくられる。

ところが、マグネシウムなどのミネラルが不足すると、カルシウムは骨の内側に入り込めなくなる。そればかりか、せっかく取り込んだカルシウムが、骨から流れ出ていってしまうのだ。

つまり、カルシウムが骨に欠かせない栄養素であることは事実だが、カルシウムだけでは骨を丈夫にすることはできないというわけ。毎日の食事で、必要な成分をバランスよくとらなければ、骨が強くなることはない。

「酒をちゃんぽんに飲むと悪酔いする」はフェイク
――カクテルで悪酔いしないということは…

「昨日は、まずビールを飲んで、それから日本酒でしょ、それから焼酎の梅割り、そのあとはなんだっけ？　ああ、ワインか。それから、ウイスキーも飲んだよな。そのあとは――覚えてないな。やっぱり、ちゃんぽんすると悪酔いするな」

当たり前である。それだけ多くの「量」の酒を飲めば、誰でも悪酔いすることになる。

一般に「アルコールをちゃんぽんで飲むと悪酔いする」と思っている人が多い。しかし、悪酔いするのは、ちゃんぽんにしたからではなく、ちゃんぽんにすることによって、飲む量が増えることが原因である。

医学的に見ても、酒にどれくらい酔ったかは、酒の種類とは関係がない。単純に血液中のアルコール量によって決まる。

平均的な人の場合、アルコール分の血中濃度が0・05～0・1％のとき、ほろ酔い加減になる。そして、血中のアルコール濃度が0・1％を超えると、そろそろ本格的に酔っ払ってくる。

酔って寝てしまうのはまだマシで、クダを巻いたりからんだり、足元がふらついたりして悪酔いする。

ちゃんぽんにすると悪酔いしやすくなるのは、酒を次々と変えると、そのたびに口あたりが変わり、ついつい飲みすぎてしまうからである。

とくに速いピッチで飲みすぎると、血中アルコール濃度が急上昇し、悪酔いの原因になる。

だから、正確には「酒をちゃんぽんにして悪酔いした」ではなく、「酒をちゃんぽんにして、ついつい飲みすぎて悪酔いした」となる。

そもそも、ちゃんぽんにすると悪酔いするというのであれば、カクテルを飲むと必ず悪酔いしてしまうことになる。ご存じのように、カクテルは、いろいろな種類の酒を混ぜ合わせて作る飲み物である。

「ウナギと梅干しは食い合わせが悪い」に根拠はない
——食い合わせの謎を科学する

かつては、「ウナギと梅干しを一緒に食べるとおなかをこわす」とよくいわれたもの。これはいわゆる「食い合わせ」の代表で、昔からウナギと梅干しのほかに、スイカとてんぷら、カニと氷水、タコと柿、アサリとマツタケ、サバとあんず、トロロとお茶などを一緒に食べると、おなかが痛くなるといわれてきた。

ただ、これらの食い合わせに、医学的な根拠はまったくない。たとえば、もっとも有名なウナギと梅干しの食い合わせに関しても、すでに1921年（大正10）には、村井政善という人が綿密な実験を行っている。

その1回めの実験では、ウナギのカバ焼き200グラムと梅干し40グラムを朝、昼、晩と1日3回3日連続で食べ、2回めの実験ではウナギの白焼き200グラムを梅肉醤油で、昼と晩の2回ずつ2日連続という具合に、あらゆる組み合わせで食べてみたが、いずれも体に異常は認められなかったという。

その後も、何人もの科学者が、さまざまな食い合わせについて実験しているが、おなかをこわしたという報告はされていない。

また、中国の漢方・薬膳の見地から見ても、日本に伝わる食い合わせの根拠は見つからない。日本では昔から伝わってきた食い合わせだが、西洋医学、東洋医学の双方から否定されている。

「酢を飲むと寝つきがよくなる」に根拠はない
――疲れをとるためのカシコい方法

お酢は、毎日、少しずつ飲み続けると、疲れがとれる、ダイエットにも効果がある――などなど、いろいろな効用があるといわれている。

お酢にはたしかに疲労回復効果がある。しかし、お酢がいくら体にいいからといっても、ただやみくもに飲んでも効果は期待できない。

たとえば、なかなか寝つけないときにお酢を飲む人がいるが、これはあまりおすすめできない。寝つけないときに飲むと、胃を刺激してかえって眠れなくなってしまうのだ。

それよりも、酢の物などの料理に使って晩ご飯のメニューにとり入れたほうが、疲労回復効果は高く、ぐっすり眠れることになる。

では、体の疲れをとって、かつ寝つきをよくしてくれる飲み物はあるのだろうか？　それにあてはまる代表的なものが牛乳である。牛乳には鎮静作用のあるカルシウムがたっぷり含まれている。温めてホットミルクにして飲むと、体も温まり、眠りにつきやすくなる。

また、ブランデーなどのアルコールを少量飲むと、心も体もリラックスして眠りに入りやすくなる。とはいえ、アルコールは飲みすぎるとかえって覚醒して寝つけなくなってしまうので、なめる程度にしておくこと。

「大根おろしは、ゆっくりおろすと甘くなる」のウソ
――おろすスピードと甘さの微妙な関係

これは、よくいわれる〝おばあちゃんの知恵〟である。

大根をおろし金でおろすとき、勢いよくおろすと辛くなり、ゆっくりおろすと甘くなるという。

この古くからのおばあちゃんの知恵、まったくの間違いというわけではない。

大根の辛味は、アリル化合物という成分によって生じる。すりおろされて、この成分の組織がこわれたとき、大根に含まれる酵素が反応して辛味が生じるのだ。

だから、大根を勢いよくおろすと、その成分組織が激しくこわれて、多くの酵素が生じ、それだけ辛くなりやすいということはいえる。

しかし、反対にゆっくりおろせば大根おろしが甘くなるかというと、大根おろしはそれほど〝甘く〟はない。

むしろ、ゆっくりおろすと、それだけ酵素が十分に作用して、かえって辛味が増

すことのほうが多いのだ。つまり、ゆっくりおろすと、さらに辛くなりやすいのである。

大根おろしを甘くしたいのなら、酢を入れて酵素の働きを抑えるか、食べるまで時間をおいて、辛味成分を蒸発させることである。

ただし最近は、大根といえば、青首大根を買う人が圧倒的に多くなっている。その昔は、地域によって好まれる大根の種類が違っていたものだが、いまは全国的に青首大根が大根マーケットを席巻している。辛味や苦みといったクセのない青首大根の味を好む人が増えたためである。その青首大根を使えば、それだけで昔に比べるとはるかに甘いおろしになる。

「純米酒は悪酔いしない」に根拠はない
——純米酒、吟醸酒、焼酎…それぞれの味

「日本酒は、純米酒なら悪酔いしない」という人もいる。

その論拠は、大半の日本酒には醸造アルコールが加えられているが、純米酒は無

添加だからという点である。しかし、この純米酒礼賛論に、科学的な根拠はない。

その証拠に、焼酎は醸造アルコールを水で薄めたものだが、焼酎が日本酒に比べて、悪酔いしやすいというわけではない。

そもそも、悪酔いの最大の原因が飲みすぎにあることは明らか。無添加だろうが、醸造アルコールを使っていようが、日本酒だろうが、洋酒だろうが、ワインだろうが、飲みすぎれば悪酔いすることになる。さらに、体調が悪ければ、どんな酒の種類を飲んだところで、悪酔いすることになる。

ちなみに「純米酒はうまい」というのも、いちがいにはいえない話である。純米酒は、米と米こうじ、水だけで造られるため、技術の差が如実に味に表れる。それだけ当たりはずれも大きく、他の種類の酒以上に、一般論では語りにくい酒なのだ。

「肉は腐る寸前がうまい」は間違い
——おいしく食べるタイミングの法則

魚や野菜は、「とれたてだよ〜」といわれると、反射的に「新鮮＝おいしい」と思ってしまう。

しかし、肉は、もし「切りたてだよ〜」といわれても、あまり「食べたい」とは思わないだろう。

実際、肉は、しばらく時間が経ってから食べるほうがおいしいもの。昔から、「肉は腐る寸前がうまい」といわれるのは、そのためだ。

ただ、厳密にいえば、「腐る寸前の肉」というより、「よく熟成した肉」というほうが正確だ。

一般に、動物の肉は死後硬直が始まると、たんぱく質でできている筋肉が硬くなり、人間の歯では噛み切れなくなる。だが、時間が経つにつれ、再び柔らかくなってくる。

このとき、肉の中にある酵素の働きで、肉のたんぱく質が分解され、肉質が柔らかくなる。

さらに、うまみ成分であるアミノ酸が作られて、肉はますますおいしくなっていく。

冷蔵したときで、鶏肉は1日〜2日、豚肉は3日〜5日、牛肉と馬肉は1週間〜2週間で、もっともおいしくなるといわれている。

一方、「腐る」というのは、外部からの細菌などの働きかけで、肉のたんぱく質が分解されることをいう。しかも、最近の食肉流通の世界では、細菌の繁殖を抑えられる摂氏0~5℃で、適度な時間、熟成させるようになっている。

そういう意味からも、「腐る寸前の肉」というより、「よく熟成した肉」というほうがふさわしい。

ちなみに、その昔は、スーパーで肉を買ってきても、賞味期限を過ぎるぐらいがおいしいといわれたが、最近は、スーパーで熟成させ、食べごろを見計らって店頭に並べている。

賞味期限内に食べれば、もっともおいしいように調節されているというわけである。

「月夜のカニはまずい」に根拠はない
――カニの味が落ちる本当の理由

昔から「月夜のカニはまずい」といわれる。月夜のカニは、月光を恐れてエサを探し回らないため、やせて身が少ないというのがその理由らしい。また、そこから「月夜のカニ」という言葉には、「内容がない。頭のからっぽな人」という意味もある。

しかし、専門家に聞いてみるまでもなく、この話はまったくの迷信であることがわかる。

月夜を「満月の夜」に限っても、満月の日は毎月やってくる。そのたびに、カニの身がやせたり、太ったりすることがあるとは考えられない。それ以前に、カニが月夜の光を恐れるという事実もない。

ただし、月夜を「中秋の名月」に限定して考えると、事情が違ってくる。

専門家によると、一般に海の動物は、満月か新月の潮の干満の差が大きいときに、産卵することが多い。

カニの場合は、産卵前の約1カ月間、卵を抱いているときが、身がしまってもっともおいしくなるが、中秋の名月のころには産卵を終えている。そして、産卵で疲れたカニの身はやせ、味も落ちてしまう。

そこで「中秋の名月のカニはまずい」と限定すれば、現実に当てはまるということになる。

ところが、問題なのは、日本には、中秋の名月のころに産卵し、食用にされているカニが存在しないということだ。

どうやら「月夜のカニはまずい」というのは、たまたま、月夜に食べたカニがまずかったか、食用でないカニを食べてしまったせいで、できた言葉ではないかと想像される。

月夜でも闇夜でも、うまいカニはうまいのである。

「みかんを食べすぎると黄疸になる」は間違い
――皮膚が黄色くなる意外な仕組み

突然、手のひらや足の裏などが黄色くなり、驚く人がいる。それが黄疸の症状に似ているため、肝臓の病気じゃないかと気にする人も少なくない。

そんなときは、まず「近ごろ、みかんを食べすぎなかったかどうか」を思い起こしてほしい。

じつは、手のひらや足の裏が黄色くなるのは、みかんの食べすぎが原因というケースが多いのだ。

みかんには、血液に黄色味を帯びさせる色素が入っていて、一度に大量に食べると皮膚が黄色くなることがある。とくにみかんの名産地にそういう症状の人が多く、「柑皮症《かんぴしょう》」と呼ばれる。

それに対し、黄疸は、肝臓でつくられた胆汁が腸のほうへ流れずに、血液中へもれることから起こる病気。皮膚が黄色くなるのは、胆汁色素によるもので、みかんの色素とはまったく別である。

しかも、黄疸では、手のひらや足の裏はあまり黄色くならず、最初に白眼の部分が黄色くなり、かゆみをともなう。症状も、みかんの食べすぎとは、まったく違っている。

また、みかんだけでなく、かぼちゃや海苔の食べすぎでも、カロチン色素が沈着して皮膚が黄色くなることがある。そう心配することはなく、しばらくの間、原因となった食べ物を控えていると自然に治る。

特集　その噂、どこまで本当？

「遺産相続でもめると、税務署がやってくる」説の根拠は？

――「ほころび」はここにあらわれる

遺産相続でもめると、やがて税務署がやってくることが多い。その多くは、相続額に不満のある相続人のひとりが税務署に密告するケースである。

もちろん、税務署に密告しても、自分の相続分が増えるわけではないのだが、それでも他の誰かがおいしい思いをするのは許せないという気持ちから密告するというわけだ。

とりわけ、厄介なのは、故人に愛人とその子供がいた場合で、これがもっとももめるケースだ。愛人に故人の子供がいれば、その子も相続人となり、本妻やその子供たちの分け前は減ってしまうことになる。また、故人の遺言状がある場合など、愛人にも相続権が認められるケースもある。そうして、本妻とその子供、愛人とその子供の間で、大いにもめるというわけである。

そのさい、本妻とその子供は、「故人に大した財産はなかった」といいはじめることが多い。すると、愛人側は「そんなことはない、これくらいはあるはずだ」と反発する。そして話がエスカレートすると、「本当にないのかどうか確かめる」となって、税務署に駆け込むというわけだ。実際、こうして、故人の隠し財産が発覚することが多いのだ。

「銀行と同じビルに入った店は繁盛しない」の噂は本当か
——テナントの業種から考える

銀行の多くは、午後3時閉店で、それを過ぎると、シャッターを下ろしてしまう。すると、そのビルの正面がシャッターで閉ざされることになり、ビル全体に閉鎖的な印象が生じやすくなる。

となると困るのが、銀行と同じビルに入っている飲食店や商店である。むろん、それらの店舗は、人が集まってこそ、売上げが伸びる。すると、午後3時以降、閉鎖的な空間になるビル内の店舗は、大きなハンデを背負っているともいえる。実際、飲食店業界などでは、「銀行と同じビルに入った店は繁盛しない」とささやかれているのだ。

そのため、銀行が入っているビルには、店舗ではなく、事業所や事務所など、いわゆるオフィスが入っていることが多い。それは偶然ではなく、商店や飲食店が銀行と同じビルに入ることを避けるので、オフィス系のテナントが増えることになりやすいのだ。

「刑事事件の判決は、求刑の8割が相場」説はどこまで正しい？
――法曹界の常識、世間の常識

刑事裁判では、検察官が求刑し、それを踏まえて、裁判官が判決を下す。そのさい、裁判の専門家たちは、検察側が求刑した時点で、どういう判決が出るか、すでに見当がつくという。求刑に0・8をかければ、おおむね判決の量刑になるというのだ。

むろん、裁判官は、弁護側の反論も聞いたうえで判決を下しているのだが、「求刑の8割が判決の相場」になっているのは、法曹関係者の衆目の一致するところである。

たとえば、求刑が5年なら判決は4年あたりが相場というわけだ。そして、求刑が5年で判決が3年なら、弁護人は「まあまあ、いい判決だった」、検察側は「ちょっと負けた」と感じ、求刑が5年で判決も5年という場合は、検察側は「勝った」、弁護側は「負けた」と思うという。

こういう法曹界の常識を「相場」と呼ぶと、聞こえが悪いかもしれないが、検察官、弁護人、裁判官といった法律のプロ同士のなかで、共通常識のようなものが生まれるのは、むしろ自然なことだろう。

むしろ、そうした共通感覚がなく、裁判官によって厳しい判決が出たり、甘い判決が出るほうが、法の下《もと》の平等という原則を揺るがすことにもなりかねない。

「マンションのモデルルームは、現物よりも広い」は事実か
――視覚トリック説の検証

マンションのモデルルームが、意図的に広くつくられていることは、まずありえない。ただ、モデルルームには「視覚トリック」が利用されていることがある

といわれる。モデルルームには、いろいろな家具が置かれているが、それらが通常サイズよりも、小さめのことが多いのだ。

たとえば、子供部屋用のベッドや机、あるいはリビングのソファなどが、実際によく使われているサイズよりも、やや小ぶりということがあるのだ。それは、むろん、相対的に部屋を広く見せるためだ。

また、モデルルームでは、一般家庭なら、かならずある家電製品が省かれていることもある。

キッチンは冷蔵庫、風呂場まわりでは洗濯機がないだけで、ずいぶん広々と感じるものなのだ。

そもそも、モデルルームは、室内デザイナーが工夫をこらしてインテリアを用意しているだけに、室内は広々と、かつオシャレに見えるものなのだ。

そうしたイメージに惑わされて、細かい部分のチェックを怠ると、いざ入居というとき、ベッドが入らない、冷蔵庫や洗濯機が所定の場所におさまらないといったトラブルが起きやすくなるというわけだ。

「トイレにお金をかけた店は当たる」は信じていいの？

——飲食店にとってのトイレの位置付け

飲食業界では、「トイレにお金をかけた店は当たる」といわれる。トイレが狭かったり、汚れていたりすれば、お客は嫌な思いをしながら、用を足すことになる。すると、そのお客が「リピーター」になる確率はゼロに近くなってしまう。だから、飲食店経営をよく知る経営者ほど、トイレにお金をかけるのだ。

高級ホテルや高級クラブ、百貨店などが、トイレ回りにお金をかけるのもそのためである。スペースはゆったりとしていて、便器や洗面台、鏡などがきれいにクリーニングされている。そうしたスペースで、ゆっくり用を足すことができれば、そのお客が顧客化する確率がアップするのである。

また、「トイレにお金をかける」というのは、「清掃にお金（時間と手間）をかける」ということでもある。

とりわけ、飲食業界では、トイレの掃除の状態をみれば、その店の経営状態や従業員のやる気が、一目でわかるといわれる。トイレが清潔な店は、厨房や他のスペースも同様に清潔に管理されているはず。つまり、トイレの清掃状態には、その店の経営力や従業員のモチベーションなどが、はっきり現れているというわけである。

「黒い車は追突されやすい」説はどこから生まれた？

――ウソとマコトの分岐点

「黒い車は追突されやすい」という説がある。この話、案外ウソとも言いきれない。人の視力には、色が大きな影響を及ぼすからだ。

たとえば、白色系の車が多数走っているなかを、黒塗りの車が一台走っていたとする。すると、他のドライバーには、その黒い車が、明るい色の車よりも、やや小さく見えているはずだ。

これは、黒い洋服を着ると、やせて見えるのと同じ原理。黒は「縮小色」といって、じっさいの大きさよりも小さく見えるのだ。

「車が小さく見えている」ということは、その車までの車間距離がじっさいよりも長く見えるということだ。すると、車間距離を詰めるさい、距離を誤認し、追突しやすくなるのだ。

もっとも、黒い車だからといって、はっきり数字でデータが出るほど、事故が多いわけではない。安全運転を心がけていれば回避できる話だ。

「ウーロン茶を飲むと太らない」説は本当か
――根強くささやかれる噂の真相

「ウーロン茶を飲むと太らない」という説が、昭和の頃から、根強くささやかれてきた。本当なのだろうか？　改めて検証してみよう。

たしかに、ウーロン茶には、ダイエットにつながる成分が含まれている。「ウーロン茶ポリフェノール」と呼ばれる物質だ。

ウーロン茶は、お茶の葉を半発酵させて作るが、その製造過程で、ウーロン茶ポリフェノールというポリフェノールの一種が生まれるのだ。

ポリフェノールは、アントシアニン、カテキン、タンニン、ルチンなどが結合した化合物で、脂肪を分解する作用をもっている。ウーロン茶ポリフェノールも、食事で摂取した脂肪の乳化をおさえ、体内に脂肪がたまるのを防いでくれる。さらに、ウーロン茶ポリフェノールには、血液中の中性脂肪を分解する働きもある。というわけで、ウーロン茶に脂肪を分解する力があるのはたしかなことだ。

ただ、それは、「やせる」こととイコールではない。脂肪を分解しても、その後、運動して燃焼させないことには、再び脂肪となって体内に蓄積されてしまう。ウーロン茶は、あくまでダイエットを補佐する飲み物に過ぎないのだ。

なお、運動する30分ほど前にウーロン茶を飲んでおくと、ダイエット効果がやや大きくなるといわれる。ウーロン茶で脂肪を分解しておき、そこで運動すれば、脂肪を効率よく燃焼させられるというわけだ。

「帽子をかぶるとハゲやすい」説に根拠はあるのか
——帽子よりもっと気にすべきこと

「帽子をかぶると、ハゲやすい」という説には、一応の根拠がある。

まず、軍人がかぶる帽子のようなきつめの帽子をかぶり続けていると、圧迫性脱毛症を招くことがある。頭皮の毛細血管が帽子に圧迫されて、血液循環が悪くなって、毛が抜けやすくなる症状だ。昔の軍人に毛の薄い人が多いのは、このためといってよい。

加えて、汗をかくことも、毛髪にはよくない。帽子を長時間かぶり続けていると、頭皮が蒸れて、汗をかきやすくなる。その汗によって雑菌が増え、毛根に悪影響をおよぼすことがあるのだ。

その一方で、帽子には、頭髪を保護する働きもある。直射日光から、頭皮を守ってくれるのだ。紫外線を浴びると、頭髪が傷みやすくなるうえ、頭皮が日焼けして炎症を起こし、毛根に悪影響をおよぼすことがあるのだ。

そのため、夏の日差しの強い日には帽子をかぶるなど、時と場合に応じて、帽子をうまく利用すれば、頭髪の強い味方になることもある。

「モグラは太陽の光に当たると死ぬ」説を検証する
——即死するわけではないけれど…

「モグラは、太陽の光を浴びると、死んでしまう」という話がある。これは、半ば本当の話だ。モグラは、太陽光線を浴びたからといって、「即死」するわけではないが、地上では暮らしていけない動物なのだ。

モグラは、ふだんは太陽光の届かない地中で暮らしている。そのモグラがまれに地上に出ると、太陽光のために体温が急上昇する。すると、モグラの体には、発汗などで体温をコントロールする機能が備わっていないため、体温を制御できなくなり、命を落とすことになるのだ。

おおむね、よく晴れた日、モグラが地上で生きていられる時間は、15分程度。

曇っている日でも1時間が限度だ。

「スッポンは噛みついたら離れない」は事実か
――その捕食方法に理由があった

「スッポンは一度噛みついたら離れない」というのは、本当に近い話といえる。カメの一種であるスッポンは、野生状態では、川や湖、沼などに棲み、小魚や水生昆虫をエサとしている。スッポンは動きが鈍いため、体を水底の泥の中に隠して、エサの到来を待っている。

むろん、そうした捕食方法では、エサにありつける機会は少ない。そこで、スッポンは、目の前にエサとなる生き物が現れたときには、逃すわけにはいかないのだ。そこで、一度、噛みついたら、そう簡単には離れないというスッポンの習性が生まれたのだ。

第3章

「エンタメ・スポーツの常識」のウラ

「マラソンでは他人のうしろを走るのが有利」は間違い

——かえって体力消耗する⁉

マラソンの最初の10キロは、その日の調子を見ながらのウォーミングアップのようなもの。次の10キロ〜20キロになって、先頭集団で小さな駆け引きが始まる。その駆け引きでよく知られているのが、「人のうしろについて走るのが有利」といわれることだろう。前の人を風よけにしながら走ると、疲れにくいというのは、小学生でも知っている長距離走の常識である。

しかし、現在のトップレベルの選手は、この駆け引きをあまり重視していない。たしかに、トップ選手にとっても、他の選手に〝風よけ〟にされるのは不利であり、不愉快でもあるのだが、それを嫌って、無理に他選手の背後に入り込もうとすれば、無用な位置取り争いを繰り広げることになる。それが、かえって体力を消耗させるので、トップ選手の多くは、人のことにはかまわず、自分の走りを大事にするという考え方を基本にしている。

ただし、〝風よけ作戦〟は、市民マラソンレベルでは、有効な駆け引きになる。とくに、向かい風の日は、前を走るランナーを風よけにして、空気抵抗を小さくするほうがタイムは伸びるはずである。

一般に、物体に空気の流れが当たると、その背後で、空気が「伴流《はんりゅう》（ウェイク）」と呼ばれる特殊な状態になる。空気が渦状になり、空気抵抗が、前面に比べるとかなり小さくなる。それだけ消費エネルギーを節約でき、体力を温存できるのである。

「コンサート会場は満員だと音が悪くなる」はデマ
——音の良し悪しを決める本当のポイント

大作曲家のヘンデルは、聴衆が少ないと聞くと、喜んだという。聴衆が少ないほうが、音の響きがよく、それだけ聴衆に満足してもらえたからだった。ヘンデルが活躍した18世紀以来、「コンサート会場が満員になると、音が悪くなる」というのは、音楽業界の常識となっていた。

人が多いと、とくに高音部の音が吸収され、かつ全体的に残響時間が短くなる。

そのため、音がぼやけ、活気のない音になってしまうのである。

しかし、現在のコンサート会場には、たとえ満員になっても大丈夫な音響設計になっているところが増えている。

たとえば、2000年オープンの東京のトッパンホールは、ホール全体を浮き構造とすることで、都市の騒音や振動を遮断。コンサートホールにふさわしい特性を持つ花梨や樺桜、ヒノキなどの構造材の組合わせで、理想の音響効果を実現している。

このように、いまどきの人気コンサート会場は、さまざまな面から音響効果も十分に考えた設計となっている。それでも冬場にコートをクロークで預かるのは、重いコートを席まで持ち込まなくてもいいようにという客向けサービスとともに、コートが音を吸収するのを防ぐという目的がある。

もちろん、古いコンサート会場によっては、空席のときのリハーサルと、満員の本番では、音の響きがまったく違うところもある。また、収容人員が多いだけで、音響効果の面では疑問符がつく会場も少なくない。

多人数で盛り上がることが目的ならともかく、じっくり名演奏を聴きたいと思ったら、コンサート会場もしっかりチェックしておきたい。

「全身に金粉を塗ったままでいると窒息する」説の裏側
——噂の発端をたどっていくと…

「金粉ショー」というのがある。全身に金粉を塗って、いろいろなパフォーマンスをするショーのことである。また、アメリカでは、全身に銀粉を塗り、街角で銅像のようにポーズを取る大道芸人を見かけることもある。

だが、金粉や銀粉を全身に塗りまくったパフォーマーを見ると、「窒息しないのかな？」と心配になる人もいるのではないだろうか。

かつて、映画007シリーズの『ゴールドフィンガー』には、全身に金粉を塗られて死んだ女性が登場した。そのショッキングなシーンが目に焼きついていることもあって、「全身に金粉を塗ると窒息死する」と思っている人が少なくないようである。

もちろん人間は皮膚呼吸をしている。しかし、肺呼吸に比べると、皮膚呼吸からの酸素摂取量はきわめて小さく、金粉を塗られたぐらいでは、窒息死することはありえない。

もし『ゴールドフィンガー』のようなケースがありえるとしたら、それは窒息死ではなく、体温上昇のため、死亡するという場合である。全身の毛穴に金粉が入って詰まり、汗による体温調節ができなくなり、体温が異常に高くなった場合、死に至ることがありえないわけではない。しかし、一夜にしてというのは無理で、そういう状態でも死ぬまでに数日間はかかるという。

そもそも全身に金粉を塗ったくらいで窒息死するのだったら、エステティック・サロンの全身泥美容なども危なくてしょうがない――。

「ブーメランは投げると戻ってくる」というのはウソ
――戻ってくるのは練習用だけ!?

男の子なら、子どものころ、一度は興味を示すブーメラン。親にせがんで買ってもらったことはなくても、「く」の字の形をした木の枝や板を投げた経験は、多くの人にあるだろう。自分のところへ戻ってこなくても、曲がりながら飛んでいくブーメランを見て、満足していたはずである。

ところが、このブーメラン、本物は自分のところへ戻ってこないといえば、「えっ?!」と思う人が多いだろう。ほとんどの人の常識では、ブーメランは投げると大きく弧を描き、投げた本人のところへ戻ってくるはずである。

しかし、元へ戻ってくるブーメランは、じつは練習用のものだけなのである。投げる練習をするとき、いちいち拾いに行くのが面倒だから、戻ってくるタイプのブーメランで練習するのである。

一方、狩猟用のブーメランの特徴は、まっすぐな棒よりも遠くへ飛ばすことができ、かつ正確に狙いを定められることにある。

古来、ブーメランは、オーストラリアの原住民であるアボリジニや北米先住民らが狩猟道具として使ってきた。当時、互いの地域に交流があったとは考えにくいから、ブーメランは各地で個別に発明され、発達したと考えられている。

それらのブーメランに共通する点は、いかに遠くまで投げられるかということ。本物のブーメランは、手元に戻ってきたりはしないのである。

「フラメンコは、スペインの代表的な文化」ではない
――フラメンコの文化的背景は？

一般的に、日本の観光客がスペインと聞いて思い浮かべるのは、闘牛とフラメンコではないだろうか。実際、多くの日本人が闘牛とフラメンコに感激して帰ってくる。そこで、スペイン人に対して、「フラメンコはすばらしいですね。あの情熱的なところが大好きです」などといいたくなるが、それはやめておいたほうがいい。

スペイン人にとって、闘牛は誇るべき文化であっても、フラメンコは必ずしも、そうではないのだ。その理由は、フラメンコがもともとアンダルシア地方に住みついたロマたちのつくった歌と踊りだからである。厳密にいえば、フラメンコはロマの文化であって、スペインの文化ではないのだ。

そのため、スペイン人とフラメンコの話をするときには配慮が必要になる。

ちなみに、スペインでは、サッカーの話も、地域による対抗意識が強いので、とくにライバルチームの話をするときは注意が必要だ。その点、闘牛については、安

心して話題にできるはずである。

「スリーボールからバットを振ってはいけない」の謎
――目には見えない日米の野球観の違い

高校野球では、スリーボール・ノーストライクからバットを振ると、たいてい監督から叱られる。日本では、スリーボール・ノーストライクとなれば、ピッチャーが相当苦んでいると考える。たとえ、ストライクになっても、一球待つことで、ピッチャーには「次もストライクを投げなければいけない」というプレッシャーを与え続けられる。それが、ピッチャー攻略の引き金になるかもしれないというのが、一般的な考え方である。プロ野球でも、3番、4番、5番以外は、スリーボール・ノーストライクからバットを振ると、監督やコーチはいい顔をしないものだ。

一方、メジャーリーグでは、同じ状況でもバットを振って嫌な顔をされることはない。万事、積極的なメジャーリーガーたちは、積極的にバットを振っていく。

ところが、状況によっては、味方の監督やコーチではなく、相手チームからにらみつけられることがある。とくに、大量リードで勝っているチームのバッターが、スリーボール・ノーストライクからバットを振ると、相手からの報復を覚悟しなければならない。メジャーリーグには、「暗黙の掟（アンリトン・ルール）」と呼ばれる裏ルールがある。プライドの高い選手たちが集まった世界最高の野球リーグだけに、相手をナメたようなプレーは、暗黙の了解でタブーとなっているのだ。

たとえば、大量リードを奪ったチームは、盗塁してはいけないし、二塁ランナーは、ヒットが出ても、きわどいタイミングならホームへ突っ込んではいけない。ノーヒットノーランや完全試合を阻止しようと、バントヒットを狙うのも批判の対象になる。

かつて、ダイヤモンドバックスのカート・シリング投手が、パドレス戦で8回一死までパーフェクトピッチングをしていたところ、バッターがバントヒットで出塁した。すると、ダイヤモンドバックスの監督は、「完全試合をバントのような姑息な手段で阻止するとは、なんと臆病者なんだ」と批判したことがある。

「プロ野球のコーチはベンチ入りするもの」ではない
——プロ野球と高校野球の意外な力関係

現在のプロ野球は、どのチームも、たくさんのコーチがベンチに入っている。投手コーチや打撃コーチは2人ずつ、走塁コーチやバッテリーコーチもいる。さらに、ヘッドコーチや作戦コーチなど、コーチだけでも試合ができそうなほどに人数は多い。

しかし、半世紀前は、コーチといっても、打撃と守備、投手ぐらいしかいなかった。さらに、戦前はベンチにも入っていなかった。当時、ベンチに入れるのは、監督と選手で、コーチはベンチ入り名簿に登録できないことになっていたのだ。

もっとも、戦前は、プロ野球ができて間もなく、監督やコーチになるような人材は少なかった。また、事実上、ベテラン選手がコーチを兼任していることが多く、わざわざコーチとして登録しなくても、選手としてベンチ入りしているケースが多かった。だから、実質的にはコーチ役がまったくベンチに入っていなかったというわけではない。

日本のプロ野球で、初めて公式にコーチのベンチ入りが登録されたのは、1950年（昭和25）の日本シリーズ（松竹ロビンス対毎日オリオンズ）のこと。この年、セ・パ両リーグに分かれ、第1回の日本シリーズで、コーチのベンチ入りが認められた。通常のペナントレースでは、1953年から可能になった。

「男性しかプロ野球選手になれない」はちょっと違う
——女子野球選手の動向、いま昔

高校の硬式野球部には、女子生徒も所属できるが、公式戦には出場できない。一方、現在、NPB（日本野球機構）には、性別についての規定はないので、女性だからプロ野球選手になれないということはない。

さかのぼると、終戦直後には、女子だけのプロ野球も存在した。戦後、プロ野球が再開され、赤バットの川上、青バットの大下が大人気となったころ、各地で女性野球チームが結成され、野球大会が開かれていたのだ。

この女性の野球熱に目をつけたのが、小泉吾郎という興行師。さっそくチームを結成して、九州や北海道へ遠征、地元の男子チームと対戦したところ、興行は大成功となった。

これをきっかけに、選手を一般公募し、1949年(昭和24)、女子プロ野球チームの「ロマンス・ブルーバード」が結成される。さらに、三共がスポンサーの「レッドソックス」、ホーマー製菓がスポンサーの「ホーマー」、国際観光がスポンサーの「パールズ」が誕生。これら4球団で、女子プロ野球がスタートした。

ところが、わずか3年で、女子プロ野球は消滅する。観客の大半を占める男性たちが、スポーツではなく、単なるショーと見たのが大きな理由だった。当時の後楽園球場(現東京ドーム)で行われた結成記念大会には、1万5000人の観客が集まったが、その90%は男性。しかし、ショーだけにすぐに飽きられて観客は減少、公式戦を終えると、チームは各地を転戦して商店会のオジサンチームなどと対戦しなければならなかった。

さらに、資金面でのトラブルが多く、選手たちはプロといいながら薄給だった。そんな事情もあって、わずか3年で消滅してしまった。

コラム2

その常識、間違っています

アラビア数字——アラビア生まれではない

「I II III」はローマ数字でローマが発祥の地。「一二三」は漢数字で発祥地はもちろん中国である。

では、「123」のアラビア数字はどこが発祥地か、ご存じだろうか?

じつは、アラビア数字といわれているが、アラビア生まれではない。発明されたのは、インドだ。

ところが、この数字は、インドからまずアラビアへ伝わり、その後、北アフリカとスペインを経由して、アラブ人によってヨーロッパへ伝えられた。そしてヨーロッパで「アラビア数字」と呼ばれるようになり、それが世界へと広がったのである。

ちなみに、「0」を発見したのもインド人といわれているが、アラビア数字の優秀なところは、数字を並べるだけで、百や千、万と際限なく大きな位まで表せること。

インド人によるアラビア数字の発見がなかったら、数学、物理、化学の進歩は、かなり遅れていただろうといわれている。

第4章

「日本と世界の歴史常識」のウラ

「『古事記』は、日本最古の書物」ではない
——もっと古い歴史書があった

世界でもっとも古い書物といわれるのは、中国の『易経《えききょう》』。占いの書であると同時に、思想、哲学、倫理書、経典という面をもち、いまから約3500年前、あるいは4000年ほど前に書かれたとみられている。作者は不明だ。

では、日本最古の書物とは？

そう問われれば、『古事記《こじき》』と答える人が多いだろう。稗田阿礼《ひえだのあれ》が暗唱したものを太安万侶《おおのやすまろ》が撰録したもので、712年（和銅《わどう》5）に完成したというから、いまから1300年以上前に作られた歴史書である。

しかし、この『古事記』はわが国最古の書物ではない。もっと古い歴史書があったと、『古事記』の序文にも、はっきり書かれているのだ。それによれば、代々の天皇について記した『帝紀《ていき》』、それに『本辞《ほんじ》』という書物が存在したという。

もっとも、『帝紀』や『本辞』は、書かれている内容が一致せず、間違いも多か

った。だから、定説を作るために『古事記』がまとめられたという。これも、『古事記』の序文に書かれていることだが、たとえ内容に間違いが多かったとしても、『古事記』以前に書物が存在していたのは事実である。

また、『日本書紀《にほんしょき》』には、聖徳太子《しょうとくたいし》と蘇我馬子《そがのうまこ》が、『天皇記《てんのうき》』『国記《こっき》』『臣連伴造《おみむらじとものみやつこ》国造《くにのみやつこ》百八十部《ももやそとも》并《ならびに》公民等本記《おおみたからどものもとつふみ》』という三部の書物をつくったと記述されている。完成したのは、620年というから、『古事記』より92年も前のことである。

ところが、それら『古事記』以前の書物は、いずれも原本が見つかっていない。たとえば、聖徳太子と蘇我馬子による三部の書物は、蘇我氏滅亡のとき、屋敷もろとも焼けてしまったといわれている。したがって、正確にいうなら、『古事記』は、「現存する書物としては、わが国最古の歴史書」というわけである。

ちなみに、現在、蘇我馬子の序文が収録された『先代旧事本紀《せんだいくじほんぎ》』という書物が残っている。蘇我馬子の序文があるため、本物であれば、完成は『天皇記』などと同時期となるはずだが、研究によれば、この書物は偽物で、もっと後の時代に作られたものとみられている。

「平安時代の貴族は、肉食をしなかった」というのはウソ
――どうやって折り合いをつけたのか

平安時代の公家たちは、仏教に対して厚い信仰心をもっていた。その仏教では、生あるものを殺してはいけないと殺生《せっしょう》が禁じられ、肉食を戒めていた。ということは、平安時代の公家たちは、仏教の教えを守り、肉類を食べないベジタリアンだったのだろうか。

じつは、さまざまな記録によって、彼らが魚や貝類はもちろん、イノシシやシカ肉も食べていたことがわかっている。

当時の貢納物《こうのう》を詳しく記した『延喜式《えんぎしき》』を見ると、キジの干し肉のほかに、シカやイノシシの干し肉が各地から運ばれ、公家たちが食べていたことがわかる。また、イノシシやシカの肉でつくった「なれ鮨」、動物の内臓でつくった塩辛も食べていた。つまり、肉食をいっさい断っていたわけではなかったのだ。

そういえば、現在の仏教徒でも、いっさい肉食しないでベジタリアンに徹してい

るのは、ごく一部の人たちに限られる。信仰心の厚い人たちでも動物の肉は口にしている。平安時代の公家も、たまにたしなむ程度には食べていたようだ。

ちなみに、平安時代の公家は、乳製品もよく食べていた。牛乳を飲んでいたし、「酪《らく》」「蘇《そ》」などという牛乳を使った料理も、食卓によく並んでいた。「酪」は、牛乳を濃縮して粥《かゆ》状にしたもの。「蘇」は、「酪」をさらに加熱濃縮して半固形状にしたものだった。

「長篠の戦いの信長勝利は、鉄砲の三段撃ちが決め手」ではない

――信長の知略エピソードの裏側

日本史の教科書などで、『長篠《ながしの》合戦図屏風』を見た人は多いだろう。長篠の戦いは、1575年（天正3）、織田・徳川連合軍と武田勝頼《かつより》率いる武田軍が激突した戦い。その合戦の模様を描いたこの図には、織田・徳川軍が鉄砲を構えるところが描かれている。また、最前列の鉄砲隊の後方には、鉄砲を手に待機する武士の姿がある。

長篠の戦いでは、織田側は、前、中、後の三列に並んだ3000人に及ぶ鉄砲隊が、順々に発射しては入れ替わるという方法で、武田の騎馬隊を撃ち破ったといわれる。当時の鉄砲は火縄銃であり、火薬、弾丸の装着から発射までに時間がかかった。その攻撃の間を無くすために、交代で撃つ戦法が考え出され、最強と呼ばれた武田騎馬隊を撃破したという説である。

しかし、現実には、三段射撃は行われなかった。そう断言できるのは、この三段射撃が、江戸時代の歴史作家である小瀬甫庵《おぜほあん》の創作だからである。そして、この項の冒頭で紹介した『長篠合戦図屏風』は、小瀬甫庵の『信長記』をもとに描かれたもの。つまり、フィクションをもとにした図なのだ。

そもそも、信長の集めた鉄砲は、約1000丁で、3000丁もなかった。また、3000丁もの鉄砲で三段攻撃をしかけたのなら、いかに武田騎馬隊といっても、一瞬で吹っ飛んだはずである。

しかし、戦闘時間は、午前7時から8時間にも及んでいる。しかも、武田軍は、壊滅するどころか、その後7年間も健在だった。

また、それほど威力を発揮した三段攻撃なら、信長は、その後もこの戦法を使ったはずである。ところが、その後の合戦では、同じような戦法をとってはいない。現実には、約1000人の鉄砲隊が、敵を引きつけ、敵が目の前に来たときだけ、引き金を引いたのである。

これなら、戦闘が8時間かかったのも、武田軍が合戦後も健在だったことも納得できるだろう。

「上杉謙信は、武田信玄に塩を送って助けた」とはいえない
——本当は何が起きたのか

越後の上杉謙信と甲斐の武田信玄といえば、川中島で5回も戦った宿敵どうし。宿命のライバルだったからこそ、「敵に塩を送る」という故事も生まれたわけである。

ご存じのように、謙信は信玄に塩を送って、信玄の窮地を救ったとされている。通説によると、1567年、信玄が駿河《するが》へ侵攻しつつあることに怒った今川氏真《うじざね》（義元の子）は、縁戚関係にあった相模《さがみ》の北条氏康《うじやす》に呼びかけて、甲斐への塩の輸

送をストップさせた。海のない甲斐にとって、これは大きな打撃である。

だが、それを伝え聞いた謙信が、「塩を断つのは卑怯な振る舞い。勝敗は一戦によって決すべし」と、敵国・甲斐に塩を送り、窮状を救ったという。このエピソードは、戦国の世には珍しい美談として広く伝わってきた。

しかし、実のところ、この「義塩」の話には確実な史料がない。今川・北条による「塩止め」の話までは、史料によって史実だと立証されているが、謙信の「義塩」の話となると、歴史を面白く語った講談や史話の類には登場しても、信憑性の高い文献には出てこないのだ。それで、このエピソードには疑問符が投げかけられるようになった。

「義塩」は作り話だとする説によると、塩止めのような〝経済封鎖〟は、当時の戦国大名によって広く採用されていた戦法だから、謙信が、今川・北条のケースにかぎって、正義感を見せたのは疑わしいという。

ただし、これもあくまで推測。謙信は戦国大名の中では変人といっていいくらい、正義を重んじたとされる武将なので、他の戦国大名がしないようなことを実行した可能性がない、とはいえない。

目下、有力視されているのは、「塩止めに協力しなかった」ことが「敵に塩を送った」という美談に〝拡大解釈〟されたのではないか、とする説。

当時、謙信は北条氏康と交戦中だったから、塩止めに協力する義理はない。しかも、塩止めを行うと、自国の製塩業が打撃を受ける。だから謙信は、それまでどおり、商人の往来を自由にさせた。その事実が、謙信という名将像と結びついて、「義塩」の美談となったのではないか——という見方だ。

「毛利元就は『三本の矢』の話で兄弟の結束を訴えた」ことはない
——ネタ元はいったいどこに？

毛利元就《もうりもとなり》といえば、真っ先に思い浮かぶのが「三矢《さんし》の訓」の逸話。この話があまりに有名すぎて、元就が、謀略につぐ謀略で戦国の世を勝ち上がっていったという史実がかすんでいるくらいだ。

ところが、この「三矢の訓」の逸話は実話ではない。毛利元就が息子たちに「三矢の訓」を垂れたという話は、真っ赤なウソなのだ。

知ってのとおり、「三矢の訓」の逸話とは、余命いくばくもない毛利元就が、枕元に長男・隆元《たかもと》、二男・元春《もとはる》、三男・隆景《たかかげ》を呼んで、「一本の矢は簡単に折れるが、三本束ねると折れない」ことを示したという話。

一人一人の力は弱くても、皆が力を合わせれば強くなるという教えとして、いまでもさまざまな場面で引用される故事だ。

ところが、史実と照らし合わせると、この話には多くの矛盾があることがわかる。まず、元就が死んだ1571年（元亀《げんき》2）には、長男・隆元はすでに亡くなっていた。隆元は、父親よりも9年早くこの世を去っているのである。

また、二男・元春は、出雲《いずも》の高瀬《たかせ》に出陣中で、元就のもとにはいなかった。したがって、元就の死に立ち会うことができた人物は、三兄弟のうち、三男・隆景だけということになるが、その隆景ですら当時39歳。逸話に出てくるような青年たちではない。いい年のオジサンだったのだ。

以上から、元就の「三矢の訓」の逸話は、まったくのフィクションであることがわかる。では、「三矢の訓」の教えは、いったいどういう経緯で、元就の話として伝わるようになったのか。

史料を調べると、「三矢の訓」とほぼ同じ話が、モンゴルの『元朝秘史《げんちょうひし》』に発見できる。『元朝秘史』は、13世紀前半にモンゴル帝国を築いたチンギス・ハーンの活躍を伝える書だが、このなかに「三矢の訓」ならぬ「五矢の訓」の話が登場するのだ。

この話は、やがて中国の史書に取り上げられ、そこから日本にも伝わったと考えられる。しかも、毛利元就がたまたま「三人が不和になれば、毛利家は滅びてしまう」という、三兄弟の団結をうながす家訓を書状で残していた。

元就の「三矢の訓」の逸話は、この毛利家の家訓と中国から伝わった故事が、混ぜこぜになってでき上がったものだとみられている。

「天王山が天下分け目の戦い」というのはウソ
――慣用句になるまでの経緯

スポーツ新聞に「今日、セ・リーグの天王山《てんのうざん》」といった見出しが躍ることがある。「天王山」とは、勝敗や運命の重大な分かれ目をいい、豊臣秀吉と明智光秀《あけちみつひで》が相まみえた山崎《やまざき》の戦いにちなんでいる。

主君織田信長に対して謀反を起こした光秀と、主君の仇を討とうとする秀吉の戦いは、京都の西南、山崎で行われた。このときの勝敗は、天王山をどちらが先に占拠するかにかかっていた。

天王山は、標高270メートルの丘のような小山だが、周囲を見渡せる絶好のロケーション。その地形を見抜いた秀吉が、先に天王山を占拠して光秀軍を破り、天下統一への道を歩む。一方、光秀はいわゆる三日天下に終わることになった。ここから、「天王山」という言葉が生まれ、現在まで慣用句的に使われてきた。しかし、現実には、天王山をめぐる戦いは、天下分け目の戦いというほどの大規模な戦闘ではなかった。

合戦の初期こそ、光秀は、天王山をめざして兵を配するが、決戦の2日前に、その兵を引き上げているのだ。強力な援軍となるはずだった筒井順慶《つついじゅんけい》を味方にできなかったことなどにより、予定した兵力が集まらず、作戦を変更せずにはいられなかったのだ。

そのため、要地である天王山は、あっさりと秀吉のものとなっている。小ぜりあい程度の戦いはあったが、決して勝敗の行方を決定するような重要なものではなかった。

それなのに、天王山が天下分け目の戦いとされてきたのは、前述の江戸時代の歴史作家小瀬甫庵の『太閤記《たいこうき》』によるところが大きい。『太閤記』では、秀吉側の堀《ほり》尾吉晴《およしはる》が激しい戦闘の末、光秀方の先鋒《せんぽう》を撃破し、天王山を占拠したことになっているのだ。

なお、堀尾は小瀬の主君。要するに、主君のためにでっちあげた話が、のちにあちこちに引用され、あたかも史実のように伝わってきたというわけである。

「江戸時代の庶民は字が読めなかった」説は信じられない
――侮ってはいけない庶民の知的レベル

「江戸時代の庶民は字が読めなかった」というのは、大きな誤解。たしかに、江戸時代には学校制度はなかったが、庶民の子どもがまったく勉強していなかったわけではない。

江戸時代の後半には、日本の全人口約3千万人に対し、1万6千もの寺子屋があった。子どもたちは、そこで「読み書き、そろばん」を習っていた。寺子屋が事実上の江戸時代の初等教育システムだったのだ。

江戸など、都市で暮らす庶民だけでなく、農村に住む農民たちも、字が読めなかったわけではない。むしろ、多くの農民が読み書きできた。農民も、藩や代官所からの「お達し」を読む必要があり、ときには証文も書かなければならなかった。じっさい、農民を読者対象とした品種改良や農法に関する農業書もたくさん出ていたくらいだ。

「関所破りは極刑に処せられた」といわれるが…
——「関所破り」か、「薮入り」か

江戸時代、幕府が設置した関所は全国で53カ所。関所を通る者は厳重にチェックされ、手形や書類に不備があれば、通してもらえなかった。

「関所を通るのが難しいなら、関所のある街道を使わずに、関所のない裏道を行け

ばいい」と思う人もいるだろう。じっさい、箱根の関所は厳重さで知られたが、箱根といっても広いわけで、街道を避けて山道を行くこともできないわけではなかった。

ただし、関所を通らずに山道を抜ければ、それだけで「関所破り」とされた。関所を無理に押し通るだけではなく、別の道を通って関所を迂回することも、関所破りの罪に問われたのだ。そして、関所破りの刑罰は磔《はりつけ》。つまり、抜け道を行くだけで、死刑になる可能性があったのだ。

とはいえ、関所を通らなかっただけでじっさいに磔にされたかというと、そうではなかった。関所破りをする者は少なくなかったが、日本でもっとも厳しいといわれた箱根の関所でも、「関所破り」として記録に残っているのは、わずか5件6人だ。

実際には、もっと多くの人間が捕まっているのだが、その多くは「関所破り」ではなく、「藪入り」とされた。「藪入り」とは「道に迷っただけ」ということだ。本当は関所破りでも、実際には「道に迷っただけ」ということにして、追放処分で済ませていたのだ。

「坂本龍馬の亀山社中は、日本最初の株式会社」ではない
——株式を出していなかった亀山社中

坂本龍馬《さかもとりょうま》は、ペリー来航から12年後の１８６５年（慶應《けいおう》元）、薩摩《さつま》藩などの援助を受けて、長崎で貿易結社を設立する。その結社は、宿舎のあった亀山《かめやま》という地名にちなみ、「亀山社中《しゃちゅう》」と呼ばれた。「社中」というのは、人の集まりという意味で、特別な由来があるわけではないが、のちに「海援隊《かいえんたい》」へと発展する亀山社中は、歴史に大きな足跡を残す。とくに、薩摩と長州《ちょうしゅう》の物資を調達・運搬することで、薩長和解の糸口をつけたことは、その後の歴史に大きな影響を与えた。

この亀山社中、ビジネス活動をしていたことから、日本最初の株式会社であったともいわれている。しかし、龍馬自身には、この結社が〝株式会社〟であるという認識はなかった。現代の目からみても、亀山社中を〝株式会社〟と呼ぶには相当の無理があるようだ。

そもそも、株式会社と呼ばれるためには、株式を発行して資金を集め、株主に利

益を配当するというのが大前提になる。また、株主は、株式を自由に譲渡することができ、損失や倒産の場合の責任は、出資額以内で負うというのが特徴になる。

ところが、亀山社中は、株式を発行もしていなければ、責任を出資額以内で負うという有限責任制でもなかった。つまり、株式会社の基本的な特徴を備えていないのである。それなのに、亀山社中が、日本最初の株式会社といわれているのは、「会社のような存在だった」という事実が拡大解釈されて、株式会社と誤って認識されたためだろう。

ちなみに、日本最初の株式会社は、1872年(明治5)に設立された「国立《こくりつ》銀行」。名前は「国立」だが、株式を公開した民間銀行で、株式の売買を認め、株主総会を開き、利益配当も行っていた。

「板垣退助の『板垣死すとも…』」は作り話
——襲われた板垣が最初にいった言葉

「板垣《いたがき》死すとも、自由は死せず」

歴史の授業で、自由民権運動家の板垣退助《たいすけ》が、そう叫んだと知って感動したという人もいるかもしれない。

言い伝えられるところによれば、自由党を結成した板垣は、自由民権、四民平等を訴えて、精力的な政治活動を展開する。

1882年（明治15）4月6日、板垣は、岐阜で行われた集会に参加し、講演を終えて帰ろうとしたところを暴漢に襲われ、胸を刺されてしまう。それでも板垣は犯人に向かい、「板垣死すとも、自由は死せず」と叫んだといわれている。

しかし、この言葉に感動した人には申し訳ないが、板垣は犯人に向かってそんな言葉を叫んだりはしていない。このエピソードが描かれるのは、のちに編纂《へんさん》された『自由党史』においてである。その描写を見てみると、「板垣、刺客を睥睨《へいげい》し、叫んで曰く『板垣死すとも自由は死せず』と。神警の一語、満腔の熱血と共に迸り出て、千秋万古にわたって凛冽たり」と、完全に美化されている。

現実に、胸を刺された板垣が、犯人に発した言葉は、「何するかッ」だった。

そして、肘《ひじ》で犯人の胸を突くようにして振り払う。すると、犯人は、再び板垣に向かって突進してきたので、板垣は犯人の手首を握ろうとしたが、拳を握ってしまう。もみあっているところへ助っ人が入り、板垣は、仲間たちに抱き上げられて逃れたという。

板垣が、暴漢に襲われたのは、45歳のときのこと。危うく一命をとりとめた板垣は、その後、第二次伊藤内閣や第一次大隈内閣で内務大臣を務め、83歳まで長生きしている。

「日本海海戦で、バルチック艦隊は全滅した」は大げさ
――残った軍艦のその後

「日本、日露戦争でロシアに完勝」というニュースは、世界中を驚かせた。アジアの無名の弱小国が、超大国の帝政ロシアを打ち負かしたからである。

この日露戦争の勝敗を決したのが、1905年(明治38)の日本海海戦である。ロシアが派遣したバルチック艦隊をみごと粉砕。ロシアが誇る大艦隊を打ちのめしたことで、日本は日露戦争の勝利を決定的にした。

当時、日本の明治政府は、バルチック艦隊を全滅させたと大宣伝し、国民も日本

海軍の圧倒的な強さに酔った。そして、いまでも、日本海海戦では、バルチック艦隊を全滅させたと信じている人は少なくない。

しかし、正確にいえば、ロシアの三八隻の主力艦を全滅させたわけではない。撃沈二一隻、降伏・拿捕《だほ》七隻、中立国に逃げ込んで武装解除されたもの七隻、そして、残り三隻は目的地のウラジオストックまでたどりついている。大勝利であったことは間違いないが、すべての船を沈めたわけではないのだ。

この日本海海戦の幕が切って落とされたのは、5月27日未明のことだった。九州の西対馬《つしま》海峡に、バルチック艦隊が姿を現した。付近哨戒《しょうかい》中の信濃丸《しなのまる》からの報告で、東郷平八郎《とうごうへいはちろう》司令長官は、大本営に「敵艦見ゆ」の打電をし、戦艦三笠《みかさ》を率いて出撃した。敵艦との距離が8000メートルになったところで、東郷司令官は、取り舵いっぱいを指示。これが、有名な「敵前大回頭」である。バルチック艦隊は、いっせいに砲撃を始めたが、思うように当たらない。そして、東郷艦隊は、ターンを終えると、いっせいに攻撃を開始した。

日本側は敵艦に次々と損害を与え、戦闘開始からわずか30分で大勢は決したといってもよかった。その後も戦闘は続き、日が暮れると、日本の主力艦は撤退し、代わって駆逐艦《くちく》や水雷艇隊が活躍する。その翌日も、日本軍が一方的に攻め、バルチック艦隊には白旗が次々に掲げられた。

それでも、バルチック艦隊を全滅させたというのは事実ではなく、撃沈率は5割5分3厘。さらに、降伏と拿捕を加えても、7割3分6厘というのが正確な数字だ。

「項羽が劉邦に負けたのは、人望がなかった」からではない

——伝説のシーンの裏側

紀元前3世紀、秦《しん》の始皇帝《しこうてい》は、中国史上初の統一国家を造り、戦国時代に終止符を打った。しかし、彼の死後、秦の統率力は弱まり、中国は再び大乱の時代に突入する。そして、最後まで争ったのが、楚《そ》の項羽《こうう》と漢《かん》の劉邦《りゅうほう》だった。最終的には、劉邦が項羽を垓下《がいか》の戦いで破り、漢の時代が到来する。

その垓下の戦いのさなか、項羽が目覚めると、四方の敵軍の中から、彼の故郷である楚の民謡が聞こえてくる。すでに、楚の兵士まで劉邦についてしまったのか。そう思った項羽は、敗戦を覚悟する。これが、「四面楚歌《しめんそか》」の語源となったエピソ

ードだ。

その項羽の敗因について、漢の時代の歴史書は、人望を失って自滅したというように伝えている。項羽が、最後に語ったという「天がおれを滅ぼす」という語が、その表れだという。

そして、後世の歴史小説家なども、その説に従って「人望と天下統一」といったテーマで、二人の物語を書いてきた。しかし、この説は、勝利した漢の人々による解釈であることを割り引いて考えるべきだろう。

むしろ、最近では、劉邦よりも、項羽のほうが人望はあったという見方が史実に近いとみられている。劉邦のほうが人望で劣っていたことが、漢の時代になってから、項羽の人望のなさを書き立てる風潮を生んだのではないかともみられている。

項羽が敗れたのは人望を失ったからではなく、張良という優秀な戦略家を抱えていた劉邦の策略に敗れたからというのが、自然な見方である。

そもそも、劉邦は、項羽の配下として扱われていた。だが、反秦勢力の名目上の盟主だった義帝《ぎてい》と項羽の衝突のスキを見て、劉邦が勢力を伸ばす。さらに、義帝を殺した項羽を討伐するという大義名分を掲げて、劉邦は兵を挙げた。

紀元前２０３年、河南省の鴻溝《こうこう》という小さな川を境に、西を漢、東を楚とするという両者の和約が成立する。ところが、張良は「いまこそ討て」と、引き上げていく項羽を背後から奇襲。これをきっかけに項羽はずるずると負け続け、ついには「四面楚歌」の場面へと至ったのである。

「帝王切開の『帝王』は、ジュリアス・シーザーのこと」ではない ——どうやって結びついた？

シェークスピアの『マクベス』では、ジュリアス・シーザー（ユリウス・カエサル）は、「月足らずで、おふくろの腹を裂いて出てきた」、つまり帝王切開で生まれたとされている。そして、この説が、洋の東西を問わず広く信じられ、「帝王切開」の「帝王」は、シーザーに由来するとされてきた。

もともと、この説は、大プリニウスが、『博物誌』のなかで、「シーザーは、その名を彼の母親に施された外科手術から得た」と述べ、その名は「母体内から切開手術によって取り出された男という意味をもつ」と説明していることに由来する。

しかし、シーザーが帝王切開で生まれたというのは、伝説にすぎない。というのも、シーザーの時代、帝王切開は、妊婦が妊娠末期に死亡してしまったときに行われる手術だったからである。だが、シーザーの母親は、彼を産んでからも長く生きていたと伝えられている。

いまでは、帝王切開の語源は、ローマ法の「レクス・カエサレア」と考えられている。レクスは「法律」で、カエサレアは「切る」という意味である。この法律は、不幸にも妊婦が亡くなった場合、切開手術によって胎児を取り出して別々に葬ることと定めていた。このカエサレアという言葉がカエサルと似ていたところから、シーザーと結びつけられ、「帝王切開」という誤訳を生んだようだ。

ちなみに、現在のように、生きている母親に対して帝王切開が行われるようになったのは、15世紀末~16世紀初めのこと。スイスの精肉業者であるヌーファーという男性が、難産の妻に帝王切開をし、母子ともに救ったという。

また、同じころ、ドイツで、帝王切開で母子ともに救うことに初めて成功し、その後しだいに広まっていった。

「暴君ネロはローマに放火した」というのは噂にすぎない
——なぜ悪行に尾ひれがつくことに？

「暴君」といえば、ローマ帝政時代のネロを思い浮かべる人が多いのではないだろうか。母・養父・妻・弟殺し、キリスト教徒の迫害者、サディストなど、ネロの無数の悪行が伝えられているが、そのなかにローマ市中に火を放ったという一件がある。

たしかに、紀元64年、ローマでは大火があった。当時のローマは世界最大の都市で、100万人以上の人々がひしめき合って暮らしていた。火は5日間燃え盛り、14の市街区のうち10区が被害を受け、そのうち3区は全焼。数万世帯が財産を失い、人々はパニック状態に陥ったという。この大火の原因がネロの放火だといわれてきたのだ。ネロは、理想の新都市を建設するという夢をもっていたが、私有神殿の所有者たちが反対したため、彼らを抑え込むために火を放ったとされてきた。

しかも、その大火のさい、ネロは塔の上に登り、燃え盛る炎を見ながら竪琴《たてごと》を弾いていたともいわれている。このシーンは、映画で何度も再現されている。

しかし、当時すでにそのような噂が広まったが、ローマ市民には信じる人は少なかったという。当時の人々は、この大火でもっとも大きな損害を受けたのが、ネロ自身であることをよく知っていたからである。

現実に、宮殿や多数の美術コレクションが灰になっている。そのうえ、復興のために多額の出費をし、ネロの資産は底をついたといわれている。さらに、当時の記録によれば、出火のあった日、ネロは80キロ離れた別荘にいた。そして、竪琴を弾いて大火を楽しむどころか、すぐに駆けつけ、消火に全力をつくしたとされている。

ただし、ネロが、大火の原因をキリスト教徒に押し付け、スケープゴートにしたのは事実であり、多くのキリスト教徒を処刑もしている。そのために、後世、ネロの悪評は、キリスト教の迫害者としても決定的なものになってしまった。

「サーロインステーキと名付けたのはヘンリー8世」ではない
——もっともらしい話に思えるが…

英語で牛は「カウ」なのに、牛肉になると「ビーフ」になる。また、英語で「ピッグ」の豚は、豚肉になると「ポーク」となる。これは、その昔、イギリスの上流貴族の料理を、フランス人の料理人が作っていたことに由来する。

15世紀ごろのイギリスでは、料理人として働くフランス人が多かった。そのため、イギリス人は、牧場で見かける牛は英語の「カウ」だが、食卓にのぼる牛肉は、フランス人の料理人にしたがって「ビーフ」と呼ぶようになった。そこから、やがてビーフも、英語として広がっていったのである。

そのビーフを使うステーキの一種に、「サーロインステーキ」と呼ばれているものがある。一般に、この呼び名は、グルメで有名だったイギリス国王ヘンリー8世がつけたということになっている。

あるとき、ステーキがとてもおいしかったので、ヘンリー8世が「牛のどの部分の肉なのか」と尋ねた。すると、料理長は「ロイン（腰肉）」と答え、感心した国王が、「貴族の称号（サー）を与えよう」ということで、「サー・ロイン」と呼ぶようになったという。

しかし、この説は、イギリス人らしいジョークである。

もともと、サーロインの語源は、フランス語の「シュールロンジュ」。シュールは上という意味で、ロンジュは背肉のこと。つまり、背肉より上の肉を「シュールロンジュ」と呼び、昔はフランス人の料理人に従って、イギリスでもそう呼ばれていた。この「シュールロンジュ」が徐々に変化して「サーロイン」となり、英語化したというのが真相である。

「ギロチンの発明者は、ギロチン」ではない
——それでも名前が残った理由

人の首を一瞬にして斬り落とす処刑台を「ギロチン」という。その呼び名は、発明者であるフランスのジョセフ・イギナス・ギヨタンという外科医の名前に由来するとされている。

言い伝えによると、1789年からのフランス革命初期、犯罪者などの処刑方法は、斧で首を叩き斬るというものだった。しかし、その処刑のようすが、あまりにも残酷だと非難され、議会でも問題になった。

そこで、外科医のギヨタンがこの処刑台を発明して採用される。そして、その3

年後、ペルチェという追いはぎに対して初めて使われ、発明者の名前をとって「ギロチン」と名づけられたということになっている。

しかし、この説は真っ赤なウソ。発明者はギヨタンではなく、外科医のギヨタンは、単にその処刑台を使ってはどうかと議会に進言したにすぎなかった。

もともと、この形の処刑台が開発されたのはイタリアで、実際に処刑に使われていた。それをヒントにしてフランスで改良を加えたのは、ルイーズという医者。だから、最初のうち、この処刑台は「ルイーズ」と呼ばれていたのだが、いつしか推薦者の名をとって、「ギロチン」と呼ばれるようになっていった。

それが真相であるため、ギヨタンが亡くなった後、その子供らは、「あんな処刑道具に父の名前が残るのはたまらない」と、議会に再三取り消しを求めたという。しかし、遺族の願いに反して、遺族が騒げば騒ぐほど「ギロチン」という名前は有名になり、より定着していった。

ちなみに、ギヨタン自身もギロチンで処刑されたという説もあるが、これも後世のフィクション。ギヨタン自身は、ベッドの上で安らかに息を引き取っている。

「もっとも若く就任した米大統領はＪＦＫ」ではない
――浮かび上がる意外な人物

アメリカの歴史の中で、もっとも記憶に残る大統領といえば、第35代大統領のジョン・Ｆ・ケネディだろう。華麗な私生活、悲劇的な死とＪＦＫにまつわる「記憶」は事欠かない。とくにダラスでの暗殺に関しては、いまも謎だらけで、さまざまな臆測を呼んでいる。

そして、ＪＦＫの華やかさの一つは、なんといっても、彼が「若い大統領」だったことである。とにかくＪＦＫは若かった。大統領に就任した１９６１年、彼は43歳。司法長官を務めた弟のロバート・ケネディにいたっては、なんと30代。「アメリカはなんて若々しい国なんだ」と世界じゅうが驚いたものである。この印象は非常に強烈で、ＪＦＫのことをアメリカの歴史上もっとも若くして大統領に就任したと思っている人もいるようだ。

しかし、これは間違い。たしかにＪＦＫも若かったが、彼よりも若く、42歳で大統領に就任した政治家がいるのだ。1901年、第26代大統領に就任したセオドア・ルーズベルトである。わずか数カ月の差だが、記録の上ではルーズベルトのほうが若い。

ルーズベルトは、第25代大統領のマッキンリーが暗殺されたために副大統領から大統領に昇格した政治家である。選挙でことさら「若さ」をアピールしたわけでもないので、「若い」という記憶が残っていないのかもしれない。

「最初に大西洋を飛行機で越えたのはリンドバーグ」ではない
——それ以前の66人との決定的違い

クイズのひっかけ問題に「大西洋の無着陸横断飛行に初めて成功したのはリンドバーグである。○か×か」というのがある。たいていの人はマルと答えるが、じつはこれは正しくないというわけだ。

リンドバーグが大西洋無着陸横断飛行に成功したのは1927年の5月。しかし、それ以前に、無着陸で大西洋を横断飛行した人は66人も存在する。

第1号はイギリス人のジョン・オルコックとアメリカ人のホイットマン・ブラウン。この2人は、1919年に北米のセント・ジョーンズからアイルランドのクリフデンまでの2830キロを無着陸で飛行している。

次に成功したのはイギリスの飛行船R34号で、スコットランドとアメリカの間を、31人の乗員を乗せて往復している。その次が、ドイツのツェッペリン飛行船ZR3号。フリードリヒスハーフェンからニュージャージー州まで、33人の乗員を乗せて横断に成功している。

大西洋の無着陸飛行は、リンドバーグが初めてではないのだ。しかし、リンドバーグが初めてといえることもある。それはニューヨークとパリという大都市間を単独で飛行したことだった。二大都市間の単独飛行に成功したのは、たしかにリンドバーグが初めて。だから「ニューヨーク・パリ間の単独無着陸横断飛行に初めて成功したのはリンドバーグである」という問題ならば、答えはマルだ。

当時、ニューヨーク・パリ間の単独飛行には賞金もかかっていて、大衆の注目を集めていた。当時でさえ、大西洋を最初に飛び越えたのはリンドバーグだと思っていた人は少なくなかったのだ。

「オリンピックは参加することに…」とクーベルタンはいっていない
――正確に伝わらなかったその本音

「オリンピックは参加することに意義がある」

この言葉を、聞いたことがないという人は少ないだろう。「オリンピック」を別の言葉に言い換えて、「会議は参加することに意義がある」とか、「合コンは参加することに意義がある」など、応用バージョンを耳にすることもある。

この言葉、近代五輪の生みの親であるフランスのクーベルタン男爵の名文句として伝えられている。アテネで開かれた第1回の近代五輪は1896年に開催されたから、130年近くも受け継がれてきた言葉である。ところが、クーベルタン男爵本人は、自分の言葉が誤解されていることを残念がっていたという。

彼が話したという本当の言葉は、「人生で大切なのは勝つことではなく、闘うこと」だったという。勝ち負けより、闘うことに意義がある――それが、いつの間にか「参加することに意義がある」と誤解されてしまった。

要するに、クーベルタンは、選手たちに参加するだけで満足せず、力を尽くして闘ってほしい、といいたかったのである。たしかに、テレビ観戦するスポーツファンとしても、代表選手たちが力の限りを尽くし、熱戦を繰り広げるほうが面白い。

ただし、日本でも、オリンピックに出場できる選手の数は、約400人ほど。1億2000万人のうちの400人ほどしかいない。参加選手自身も、開会式に集まった各国選手団の数を見て、「世界の中で、オリンピックに出場できるのは、たったこれだけの人間だけなんだなあ」と改めて感激するという。そういう意味では、参加することにも、意義があるといえるかもしれないが……。

「アインシュタインは劣等生だった」とはいえない
――幼いころから見せていた「天才」の片鱗

相対性理論を打ち立て、1921年には、光電効果に関する研究でノーベル物理学賞を受賞したアインシュタイン。この20世紀を代表する頭脳の持ち主は、小学生のころは劣等生だったと伝えられている。

その話から「あのアインシュタインも、学校の成績は悪かったんだから」と、なぐさめられた小学生や中学生は少なくないはずである。いってみれば、アインシュタインは、世界の劣等生たちの星だったのである。

ところが、この劣等生の星は、じつは学校の成績が良かったという。とくに、得意な数学と物理では、常に学年のトップクラスだったと記録に残っている。

また、アインシュタインは子ども時代、すでに「自分が鏡をもって光速で走ったら、自分の顔がどう映るのか」という疑問を抱いたという。自分の顔から反射された光が鏡に届く前に、鏡は先へ行く。結果的に、鏡には何も映らないのではないかと考えたというのだ。劣等生どころか、優秀な生徒でも、とてもこんな疑問を思いつかないだろう。

ただし、アインシュタインが、学校や先生を好きでなかったことは事実。アインシュタイン本人は、「小学校の教師は、軍曹みたいだった」とのちに述べている。

また、「音楽に合わせて整然と行進するのが好きという人がいたら、わたしはそれだけで、その人を軽蔑する。そんな者には脳みそを所有する資格がない。脊髄さえあれば、十分だ」とも語っている。

1879年生まれのアインシュタインが、学校へ通ったのは、帝国主義の時代。そういう時代を反映した学校教育になじめなかったようだ。

だから、教師からの評判は最悪で、面と向かって、「君がこの学校を出ていってくれたらありがたい」といわれたこともあった。理由を問われると、その教師は「学校が生徒に教えようとしていることのすべてに対する、君の投げやりな態度のせいで、君のクラスの雰囲気が悪くなるのだ」といったという。

アインシュタインは、納得するまで考えるタイプの子どもだったので、授業によっては、そのテンポについていけなかった。「劣等生だった」という説がひとり歩きした背景には、そういう事情もあったようである。

「ルイ14世は『朕《ちん》は国家なり』といった」は間違い

――記録に残っていない発言が流布したワケ

歴史上の人物の「名言」には後世の伝記作家の創作というケースがけっこう含まれている。フランス絶対王政の頂点をきわめたルイ14世も、そんな「被害」に遭っている一人。

彼はある日、議会に乗馬姿で現れ、「おまえたちが議決しても何もならない。われこそが国家である」といったとされている。

だが、これは史実ではなく、後世の伝記作家がねつ造したエピソードだ。伝記以外の歴史書には、この「発言」はまったく残っていないのである。

それでもルイ14世がこういったと思われているのは、いかにもルイ14世ならば、いいそうな言葉だからだろう。強大な王権をもち、ヴェルサイユ宮殿で豪奢な生活をきわめた彼のこと、この程度のことをいったとしても不思議はない。議会でいったかどうかは別として、日ごろから似たようなことを口走っていた可能性は考えられる。それで、すっかりルイ14世の言葉として定着してしまったのである。

「一国の宰相よりダービー馬のオーナーに…」はチャーチルの言葉ではない
――イギリス人も知らない〝名言〟

元英国首相のチャーチルは、「一国の宰相になるよりもダービー馬のオーナーになるほうが難しい」といったとされる。

ところが、この言葉、チャーチルがいったという記録はどこにもないのである。それどころか、イギリス人は誰も、こんな言葉すら知らない。

では、どうしてこの格言が、日本に広まったのだろうか。はっきりとはわからないが、どうやら日本人の誰かが勝手にこの格言をでっちあげたのではないかとみられている。格言をでっちあげた人も、まさかこんなに世に広まるとは思わなかったに違いない。

それにしても、でっちあげであれ、なんであれ、この格言が一面の真実をついていることはたしか。英国首相より難しいかどうかはともかく、ダービー馬のオーナーになれるのは、1年に1人。日本の首相になるのと同程度には、難しいのである。

「ナポレオンのロシア遠征が失敗したのは、冬将軍のせい」ではない
――ではなぜ大敗したのか

フランス皇帝として、飛ぶ鳥を落とす勢いだったナポレオンは、1812年の秋

から冬にかけてモスクワを目指す。しかし、行く手を猛烈な寒さと雪にはばまれ、結局、撤退を余儀なくされ、大敗を喫する。

のちに、ナポレオンは「われわれの破滅は冬だった。われわれは気候の犠牲になったのだ」というセリフを残している。日誌にも、「寒暖計の目盛りがマイナス16〜18度を示し、道は氷に覆われていた。騎兵隊、砲兵隊などの馬がバタバタと倒れ、数千頭単位で死んでいき、大砲の大部分を破壊し、食糧や弾薬の多くを放棄しなければならなかった」という意味のことを記録している。

そして、ナポレオン率いるフランス軍が、氷に閉ざされたベレジナ川を渡る様子や、吹雪のなか、雪をかき分けて行軍する場面が後世に伝えられることになった。

しかし、ナポレオンの「われわれは気候の犠牲になったのだ」というセリフは、単なる言いわけにすぎない。なぜなら、フランス軍に甚大な被害が出たのは、けっして寒さのためばかりではなかったからである。

その年の11月は、まだ寒さもそれほど厳しくなかった。キーウの平均気温はプラス二度、もっとも気温の低かったスモレンスク近郊でさえ、マイナス八度という記録が残っている。この程度の寒さは、フランス国内でも経験しているはずだ。

フランス軍が敗れた大きな原因は、計画のズサンさにあった。たとえば、モスクワを出発するさい、フランス軍は、わずか1週間分の飼い葉しか用意していなかった。馬がバタバタと倒れたのは、寒さのせいではなくエサ不足だったのである。

それでもロシア遠征の失敗が、冬将軍のせいと信じられるようになったのは、フランス軍が壊滅的な打撃を受けた後、本当に猛烈な寒波が襲ってきたからである。その寒波のなかを命からがらフランスまで逃げ帰った将兵たちの「考えられない寒さに苦しめられた」といった証言が、この説を生むことになったのだ。

しかし、現実には、冬将軍が到来する前に、フランス軍はロシア軍の前に敗退していたのである。

「進化論を最初に唱えたのは、ダーウィン」であるとはいえない
——その起源は古代ギリシアから

チャールズ・ダーウィンは、1859年、『種の起源』を出版、いまは「進化論の父」と呼ばれている。当然、「進化論」はダーウィンが最初に唱えた説と信じて

いる人は少なくないだろう。しかし、それ以前から、種は不変ではなく、変化するという説は、多くの人によって主張されていた。

古くは、すでに古代ギリシア時代から、適応の理論に気づいていた哲学者がいたし、ニュートンやライプニッツ、ド・レメという人物たちも、同じような説を唱えていた。さらに、イギリスのアルフレッド・ラッセル・ウォレスという博物学者は、『種の起源』の1年前に、同じような理論の論文を書いていた。

ダーウィンの功績は『種の起源』を著し、広く世間に進化論を知らしめたことにあったといえる。ただし、ダーウィンの名誉のために付け加えておくと、彼の理論が、多数の先駆者や仲間のおかげであることは、ダーウィン自身がはっきり認めていた。

「『パンがないならお菓子を…』はマリー・アントワネットの言葉」ではない
――「出典」から見えてくる歴史の真実

1789年10月、パリの貧しい女性を中心とした群衆が、パンを求めてヴェルサイユ宮殿に行進した。その騒ぎを聞きつけ、人々が飢えに苦しんでいることを知った王妃マリー・アントワネットがいったとされる言葉。それが「お菓子を食べさせておやり」である。

この言葉の原文は、Qu'ils mangent de la brioche。brioche＝ブリオッシュは、当時、庶民の口に入るはずもない高級菓子パンである。そこで、贅《ぜい》の限りを尽くしてきた王妃が、いかに庶民の暮らしに無頓着で冷たい人物であったかという例として、彼女のギロチン処刑後、この言葉はいっそう世に広まることになった。

ところが、マリー・アントワネットが本当にこういったかというと、相当疑わしい。この「発言」の出典は、ジャン＝ジャック・ルソーの『告白録』だ。ルソーはその中で、農民からパンがないといわれた〝ある偉大な王女〟がそう答えたと書いているが、この本が書かれたとき、マリー・アントワネットはまだほんの少女だった。

だから、本当にマリー・アントワネットがこういったのだとしても、群衆に対してというわけではない。

マリー・アントワネットがこの言葉を口にしていたとしても、むしろこの言葉は、心優しい少女マリーの親切心から出たものであり、庶民をバカにしたものではなかったと解釈するのが自然だろう。しかし、庶民が困窮するなか、彼女が贅沢の限りを尽くした生活を送っていたことはたしかである。そのイメージから、いかにも彼女ならいいそうだということで、この言葉がひとり歩きしたということだろう。

「モーツァルトの葬儀の日は嵐だった」のウソ
——その「死」をめぐる謎と真実

音楽家の中でも、その人生についてもっともよく知られているのは、モーツァルトだろう。この本の読者にも、映画『アマデウス』を観た人は少なくないはずだ。『アマデウス』で描かれるモーツァルトの人生は、けっして幸福なものではない。とくに、最後にその遺体がボロ布に包まれて、大きな穴にまるでゴミを捨てるかのように投げられるシーンは印象的だ。

あの大作曲家がこんな粗末な葬られ方をしたなんて、と誰もが衝撃を受ける。そして、そんなふうに埋葬した夫人のコンスタンツェは、とんでもない悪妻という印象をもたれるわけだ。

モーツァルトの死については、その病名が確定できず、毒殺説を含めて諸説が入り乱れはっきりとしない。どこに埋葬されたかがわからないのも映画のとおりだが、どうしてそうなったかについても諸説ある。

その一つに、葬儀のときに突然嵐になり、参列者がいなくなってしまい、遺体がどこにいったかわからなくなったというものがある。この嵐説はドラマチックなので、けっこう根強く信じられていたが、今日では否定されている。

1960年、ニコラス・スロニムスキーという音楽史の学者が発表した調査によると、モーツァルトの葬儀があったとされる1791年12月6日は、風はあったものの気温は10・6℃と、ヨーロッパの冬にしては暖かい日で、むろん嵐ではなかったという。これはウィーンの気象台の記録を調べてわかったことだ。

モーツァルトの葬儀はウィーン市内で行われたが、埋葬された聖マルクス墓地はそこから徒歩で1時間以上もかかる。そこまで付き添う人がいなかったのは、当時としては普通のことだったようだ。

「クリスマスはイエス・キリストの誕生日」ではない
――クリスマスとキリスト教のつながり

クリスマスってなんの日？　と聞かれると、多くの日本人は「イエス・キリストの誕生日」と答えるだろう。ところが、イエスが12月25日に生まれたという記録はどこにも残っていない。

一般に、イエスの誕生日は紀元元年の12月25日と信じられているが、最近の研究によると、イエスは紀元前4年ごろに生まれ、その月日は不明とされているのだ。また『新約聖書』には、イエス誕生の夜は星が輝いていたとあるが、ベツレヘムの12月は雨期の真っ最中で、星が輝く時期ではない。だから、12月25日説は聖書の記述と矛盾するともいえる。

クリスマスは、イエスの死後、30年ほど経ってから行われるようになったもので、もともと単なるキリスト教徒たちの祝日であり、イエスの誕生日を祝うという意味はなかった。

また、初期のキリスト教では、民族によってその祭の日はまちまちで、1月6日か3月21日の春分の日、または冬至の12月25日のいずれかに祝っていた。それが12月25日に統一されたのは、353年ごろ、ローマ教会が定めてからのことだ。というわけで、イエスの誕生日を祝うというのは、後世に付け加えられた意味づけなのである。

ちなみに、聖母マリアの処女懐妊も、イエスがダビデの町ベツレヘムの馬小屋で生まれたくだりも〝伝説〟のようだ。歴史学者によると、イスラエル最北部の町ガリラヤで、大工のヨセフとマリアの長男として生まれたのがイエスであり、マリアにはほかに少なくとも6人の子どもがいたという。

「禁酒法時代、飲酒は禁止されていた」わけではない
——どんな経緯で〝ザル法〟化した？

かつて、アメリカに「禁酒法」という法律があったことはよく知られている。シカゴでは暗黒街の帝王アル・カポネ率いるギャングたちが密造酒を売りさばい

て、荒稼ぎをしていた時代の話だ。

この法律は、1920年から約14年の間、アメリカ全土で施行されていた。ところがこの法律、「禁酒」とは名ばかりで、条文に「酒を飲んではいけない」とは記されていなかった。では、いったい何を禁じていたのかというと、「製造」「販売」「輸送」の3つである。つまり、禁酒法といっても酒の飲酒はOKという、まことにおかしな法律だったのである。

個人が自宅にアルコールを置くことも違法ではなく、また、そのアルコールを、所有者と同居している家族や来客と飲むことも、許されていたのである。

つまり「禁酒法」が施行される前に、しこたま酒を買い置きしておいて、それを家庭で飲むぶんには、なんのおとがめもなかったということだ。

これでは「酒を飲むな」というほうが無理というもの。当然、ザル法化し、アメリカのアルコール消費量は、禁酒法以前より禁酒法時代のほうが伸びていたというデータもあるくらいだ。

コラム 3

その常識、間違っています

パナマ帽――その生産地はパナマではない

パナマ帽は、中米の国、パナマのお土産の定番にもなっているから、パナマでつくられ始めたと思っている人が多いことだろう。

しかし、実際は、そうではない。もともとはエクアドル製の帽子で、現在もエクアドルやコロンビアなどの草を原料に製造されている。

それが「パナマ帽」と呼ばれるようになったのは、この帽子の取引場所や、ヨーロッパへの出荷港がパナマだったからである。

この帽子がつくられ始めたのは14世紀の中ごろで、19世紀のパナマ運河建造中、労働者たちが、酷暑から身を守るために着用して広まった。

また、1906年、アメリカのセオドア・ルーズベルト大統領が、パナマ運河を訪れた際に購入。帰国後も好んでかぶったことから、世界的に知られるようになった。

というわけで、パナマ原産ではないものの、パナマ運河と結びつきが強かったため、パナマ帽と呼ばれるようになったのだ。

第５章

「体の常識」のウラ

「神経質な人はやせている」に因果関係はない
——体型と性格とを結びつけてしまうのは？

一般に、神経質な人にはやせ型が多いといわれる。テレビドラマや映画でも、神経質な役柄はやせ型の俳優が演じるものだし、やせている人を見ると、「なんとなく神経質そうな人だな」と思うものだ。しかし、現実社会には、太っていても神経質という人もいる。

では、なぜ「神経質な人はやせている」という固定観念が生まれたのか？

これには、古今東西の学者たちが唱えた一つの「学説」が関係しているようである。人間の体型と性格を分類づけようとする考え方は、古代ギリシア時代からあり、古くは紀元前4世紀ごろにヒポクラテスが唱えた「四気質説」に始まり、近代ではドイツのクレッチマーやアメリカのシェルドンらが、「やせ型の人は神経質」と分類してきたのである。

たとえば、ヒポクラテスは、「四気質説」の一つの黒胆汁質は、やせていて陰気な性格と位置づけている。また、クレッチマーは、人間の性格を「躁鬱気質」「分裂気質」「粘着気質」の三つに分け、このうち分裂気質を非社交的で神経質、興奮しやすい性格で、細長体型（やせ型）が多いとしている。

むろん、すべての人がこれらの説にぴったりあてはまるわけはなく、例外は数限りなくある。人間の性格を体型だけで判断することはできないのだ。

と、頭ではわかっていても、「やせた人は神経質」という固定観念がぬぐえないのは、テレビや映画が「大らか＝太った俳優」「神経質＝やせた俳優」というステレオタイプの配役をし、そのイメージを再生産し続けている影響だろう。

「恐ろしい体験をすると、髪の毛が真っ白になる」はウソ
――気になる因果関係を科学で読み解く

フランス革命のさなか、ギロチンで処刑された王妃マリー・アントワネット。彼女がギロチンの前に引き出されたとき、その髪の毛は、恐怖のために真っ白になっていた――と伝えられる。

また、第一次世界大戦中、銃殺刑を宣告された男性の髪の毛が、一夜にして白髪になったという例もある。ほかにも、恐怖体験で髪の毛が一夜にして白髪になったというケースは、多数報告されている。

しかし、いまのところ、恐怖体験と髪の毛の色の因果関係は、科学的には説明できない。説明できるのは、次のようなケースである。

ランディエンスというアルコール依存症患者が、一夜にして白髪になったとき、その髪の毛が調べられた。すると、黒髪の素であるメラニン色素は残っていたが、毛の中心部の毛髄質と、その周りを囲む毛皮質の間に気泡がつまっていることがわかった。そして、ランディエンスの髪の毛から、気泡を追い出したところ、もとの黒髪に戻ったという。

つまり、彼の髪の毛が白くなったのは、一夜にして色素を失ったわけではなく、毛髪の中で気泡が急激に増加したためだと考えられている。

というわけで、なんらかの原因で髪の毛の中の気泡が急激に増加し、一夜にして〝白く見える〟現象は起きうる。しかし、黒髪が短時間のうちに色素を失い、白髪になることは説明できないというのが、現時点での結論である。

「毛を剃ると濃くなる」というのは俗説

――俗説がまかり通る二つの理由

肌を露出する季節になると、憂鬱な気分になる女性もいる。ノースリーブや水着を着るため、夏の間じゅう、手足のムダ毛などを頻繁に処理しなければならないからだ。

そもそも日本には、「カミソリで毛やひげを剃ると濃くなる」という俗説がある。そのため、若い女性の中には、この説を真に受けて、ワキやスネなどの毛を毛抜きで1本1本抜いている人もいる。しかし、現実には「毛を剃ると濃くなる」という俗説には、なんの根拠もない。

体毛はホルモンや栄養によって成長する。だから、抜こうが剃ろうが、濃くなることはない。第一、毛を剃ると濃くなるのであれば、ハゲに悩む人はいないはずである。

では、なぜこのような迷信が生まれたのかというと、理由は二つ考えられる。

一つは、ヒゲやワキ毛が生え始める10代の若者は、毛を剃り始めるのと、毛が濃くなっていくのが同時期に重なる。だから、あたかも毛が濃くなったように感じるのである。

もう一つは、毛を剃ったあとの「断面」の問題。自然のままの毛先は普通細くなっているが、毛を剃ると毛先が切り取られて、切断面が太いままの状態で伸びてくる。すると、断面が太いぶん、毛が濃くなったように見えるのだ。

ちなみに、毛抜きで毛を抜くと、肌が鳥肌のようにブツブツになったり、抜いた箇所が黒ずむこともある。カミソリでの処理法も、あまり頻繁に行うと肌を傷つけることになるが、毛抜きよりは肌に与えるダメージは少ない。

「笑うとシワが増える」説を信じてはいけない
――シワができる原因から考える

笑うことと、シワができることに、因果関係はない。いつもニコニコしていても、シワが増えることはないのだ。

そもそも、シワができるのは、皮膚組織中の弾性繊維の働きが弱まるため。皮膚が伸びきったゴムのようになって、余った皮膚がたるんでシワになるのだ。同繊維の働きが弱まるおもな原因は、加齢とともに新陳代謝がスムーズに進まなくなること。また、水分不足が原因になることもある。

だから、シワの発生を遅らせるためには、少なくとも肌への水分補給を怠らないことだ。とりわけ、冬場、湿度が下がる時期には、加湿器などを使って、水分を補いたいもの。あるいは、化粧水を塗って皮膚表面に膜をはり、水分を逃がさないなどの手入れが必要になる。

「ツメの根元の半月で健康状態がわかる」のウソ
――もっと大事なポイントがある！

ツメは、皮膚が角質化して固くなった部分で、健康な大人の場合で、１日に０・１ミリ程度伸びる。

根元の白い部分は「爪半月《そうはんげつ》」と呼ばれ、昔から、この「爪半月」を見れば、健康状態がわかるといわれてきた。爪半月が見えると健康、見えないと体のどこかが悪いというわけである。

しかし、近年では、爪半月の状態と、健康状態を結びつける医学的根拠はない、というのが常識となっている。

この爪半月は、ツメの細胞をつくり、送り出している「爪母」という部分が少しのぞいているにすぎない。しかも、爪半月が見えるかどうかは、個人によって違い、見える範囲は年齢によっても変化する。さらに、指先をよく動かす指ほど、見えやすいという特徴もある。だから、それをもって、健康状態のバロメーターにすることはできないのである。

ただし、手の指すべてのツメの色がいっせいに変化したようなときは、体のどこかが変調を来しているとみていい。たとえば、すべての指がいっせいに灰色になったり、黒ずんでくれば、慢性疾患や金属による中毒、薬害が疑われる。

また、ツメの先が反り返り、皮膚との間に亀裂ができているようなら、鉄分不足で、ツメが十分に成長していないことが考えられる。さらに、すべての指に、横向きの溝ができれば、指先の循環障害の可能性がある。血流が悪くなり、指先が冷たくなって、ツメが栄養不足になった状態である。

こうした大きな変化が現れたときは、素人判断は禁物で、医者に相談してみることだ。

「注射のあとは風呂に入ってはいけない」って誰が言い出した?
——いまや〝過去の常識〟?

「注射を打ったあと風呂に入るな」というのは、常識と思っている人は、今でもけっこう多いのではないだろうか。だが、なぜ注射後の入浴がいけないのか、その理由をはっきり理解している人は案外少ない。

理由のわからない常識がまかり通ってきたのは、かつて医師がそう指導していたからだろう。

医者がなぜそう指導してきたかというと、それにはいくつかの理由がある。

一つは、浴槽や湯が汚いときは、注射を打ったところが化膿することがあるためだ。

また、予防接種の場合は、体の中に菌やウイルスを入れて免疫をつくるため、風呂に入って血のめぐりがよくなると、菌の動きが過度に活発になって、頭痛や発熱などの症状が出る恐れがあるためでもある。

だが、現在ではほとんどの家庭が内風呂になり、万事衛生的になっていることもあり、予防接種を受けたあと、体調不良や発熱、発疹などの症状が出なければ、入浴してもかまわないとする医者が増えている。

「片側の視力が悪いと、もう一方も悪くなる」に根拠はあるか
——目の機能からいえば、答えは逆!?

視力検査をしてみると、片方の目だけが極端に悪い人がいるものだ。なかには、一方が近視なのに、もう一方は遠視という人までいる。

眼科では、左右の目で視力に差があることを「不同視」と呼ぶが、一般にこれを放っておくと、視力のいいほうの目まで悪くなるとみられてきた。視力は悪いほうの目に合っていくと考えられていたのである。

ところが、最近の専門医は、「じつは逆だったんです」と話す。つまり、いいほうの目が悪くなるのではなく、悪いほうの目の機能がさらに衰えていくというのだ。視力の悪いほうが、あまり使われないぶん、より悪くなり、弱視になるケースもあるという。

もともと、視力とは、目のレンズの焦点を合わせる能力のこと。レンズの焦点合わせは、毛様体筋という筋肉によって行われ、この筋肉が瞬時に反応できなくなると、視力が衰えていく。

とくに、パソコンや携帯電話の画面に長時間向かうときほど、利き目だけを使うことになりやすい。すると、もう一方の目は、あまり使われないため、毛様体筋が衰え、視力はさらに低下しやすい。

クルマを運転中、接触事故や自損事故を起こす人は、片方の目が極端に悪い「不同視」が原因になっていることが少なくない。両目の視力差がありすぎるため、立体感や距離感が乏しくなるためで、通れると思ったところで接触事故を起こしたり、視野が狭くなって、出会い頭の事故を起こしやすくなる。

さらに、「不同視」を放っておくと、疲れや頭痛も起きやすくなる。眼科医によく相談することが必要だ。

「白髪は抜くと増える」説を検証する
――白髪を抜いてはいけない本当の理由

白髪を他人に指摘されて喜ぶ人はいないだろう。白髪が生える＝老けた証拠だからだ。男性の場合は、髪の毛の色以上に「量」のほうが問題だが、女性にしてみれば、白髪は若さを損ねる大敵である。

ところが、女性の頭に白髪を見つけて、親切心から抜いてあげようとしても、たいていの場合「やめて」と拒否される。昔から「白髪は抜くと増える」といわれているためだ。しかし、結論からいうと、白髪を抜いても増えることはない。

白髪は、年齢とともに毛根の機能が低下し、髪の色を染めるメラニン色素がつくられなくなるために起きる髪の老化現象。しかし、黒い髪も白髪も一定のサイクルで自然に抜け落ち、また同じ毛根から新しい髪の毛が生えてくる。抜いたからといって、同じ毛根から3本も4本も白髪が生えてくることはないのだ。

「白髪を抜いたら、前よりも増えたような気がする」という人は、単に時間が経って、そのぶん髪の老化が進んだだけの話。黒髪が抜けた毛根から白髪が生える確率が高まっただけのこと。

では、白髪をどんどん抜いても支障はないかというと、これは抜かないにこしたことはない。抜き方によっては、まわりの皮膚を傷めることがあるからだ。

気になる人は、抜くのではなく、ハサミで根元から切れば目立たなくなる。

「緑色は目にいい」説をあらためて考える
——色彩と目にはどんな関係がある?

「緑色を見ると目の疲れがとれる」という〝常識〟は、誰でも一度は聞いたことがあるに違いない。

たしかに、ハイキングなどで緑の多い場所に行くと、目の疲れがとれたような気がするものだ。目を酷使するコンピュータ関連の会社などでは、オフィスの壁紙を緑色にしているところもある。

ところが、この「緑色が目にいい」というのは、単なる心理的な効果にすぎず、緑色が直接目にいい働きをするわけではない。

ふだん意識することはないが、人間は色彩からさまざまな心理的影響を受けている。料理を例にとれば、そのあたりのことがよくわかるだろう。

たとえば、同じ味付けの料理でも、彩《いろど》りの悪いものと、彩りのいい料理では、後者のほうがはるかにおいしそうに見える。これは、色から心理的な影響を受けているためだ。

このように、人間の心理面に与える影響に関する学問を「色彩心理学」という。そして、色彩心理学の世界で、緑色は「人間に安らぎをもたらす色」と定義されているのだ。

では、なぜ緑が安らぎの色かというと、多くの人間は、緑色から木や森といった自然を連想する。つまり、緑色イコール安らぎ、というイメージを持つわけである。だから緑色を見ると、安らぎのイメージが再生されて、目の疲れがとれたような気になるのだ。

緑色は、目の疲れを癒すのではなく、心の疲れを癒す色なのである。

「サラダを食べると肌がきれいになる」説はどこまで本当？
――肌にとって最重要の栄養素とは？

女性にはサラダ好きの人が少なくない。昼食は、サラダだけという女性もいるものだ。

女性のサラダ好きの背景には、サラダを食べると肌がきれいになったり、ダイエット効果があるという根強いサラダ信仰があるようだ。

業界では、これは「ビタミン神話」と呼ばれている。肌の美しさや張りを保つには、ビタミン、とりわけビタミンCが欠かせないという固定観念である。

しかし、サラダだけ食べていても、けっして肌はきれいにならない。

そもそも、肌にとって、もっとも重要な物質は、たんぱく質である。中でも、ツヤツヤした肌に深くかかわっているのは、コラーゲンとエラスチンで、これらが不足するとシワができることになる。

もちろん、お肌のためにビタミン類も必要である。しかし、主役であるたんぱく質を忘れて、脇役のビタミン類ばかりを摂取していても、美肌は保てない。サラダは、魚や肉、大豆製品などのたんぱく質と一緒にとってこそ、脇役としてお肌のために役立つのである。

美肌づくりに余念のない女の子の中には、コラーゲンやエラスチンという言葉は知っていながら、食事になるとたんぱく質をとるのを忘れる人が少なくない。栄養の片寄った食事は、意図とは逆に肌をいため、シワを増やしているようなものである。

「塩分をとりすぎると高血圧になる」の科学的根拠とは？
――注意しておきたいポイント

健康常識として、「塩分控えめ」という言葉を脳にインプットしている人は多いだろう。テレビや新聞、雑誌の健康情報で、一時期さかんに「塩分をとりすぎると高血圧になる」と宣伝されたからだ。

実際、塩辛い漬け物をたくさん食べる東北地方では、高血圧の人が多いというデータも報告されている。

そして、高血圧の人は、それだけ心臓病や脳卒中などの疾患を引き起こしやすいといわれる。

つまり、塩分をとりすぎると、寿命を縮めると脅されているわけで、ほとんどの人が「塩分＝悪者」と考えてきた。

ところが、近年、塩分をとりすぎたからといって、必ずしも高血圧にならないことが判明してきている。

とはいえ、安心はできない。日本人には、遺伝的に高血圧体質の人が多く、日本人全体の傾向とすれば、塩分をとりすぎると高血圧症になりやすいことには変わりはないのだ。

かといって、塩分は人間にとって必須のものであり、控えすぎると、体調を崩したり、病気にもなりかねない。

大切なことは、昔からいわれるように、バランスのとれた食事を心がけること。

そして、自分の血圧の状態に気をくばり、高血圧症の気配があったら、医師の指導を受けることである。

「お湯で顔を洗うとシワになる」説にはウラがある
――お湯か水かより、気をつけるべきこと

年齢とともに気になってくるのが顔のシワ。そこで、とりわけ女性たちは懸命に肌の手入れに取り組むことになる。

肌のお手入れで、もっとも重要とされているのは洗顔。そのとき「お湯で顔を洗うとシワになるから」という話を信じて、寒い冬でも冷たい水で顔を洗っている人は少なくない。

これは、美容雑誌などの影響から、お湯で顔を洗うと肌が乾燥し、放っておくとシワになると思われているせいだろう。

しかし、皮膚科の医師によれば、お湯で顔を洗うとシワになるという説に医学的根拠はないという。お湯で洗ったあとの肌のつっぱり感は、単に皮膚の脂分がとれたためで、それが直接シワの原因になるわけではないのだ。

では、シワの原因は何かというと、当然ながら肌の老化である。

年をとると、皮膚表面にある角質層の水分や細胞一つ一つに含まれる水分が減り、そのぶん細胞が縮むことによって皮膚がたるんでくる。それがシワになるわけだ。

その老化をいっそう進める要因は、日焼け、タバコ、睡眠不足。顔をお湯で洗うか水で洗うかで迷うよりも、睡眠をたっぷりとって、タバコをやめ、日焼け防止に努めたほうが、美肌効果ははるかに高い。

「貧血の人は血液の量が少ない」わけではない
——貧血になりやすい人はこの数値をチェック！

貧血の原因についてはあまり知られていない。「貧血」という字から判断して、「血液が少ない人が貧血症になりやすい」と思っている人も多いが、これは間違い。貧血と血液の量は無関係なのである。

貧血にもいろいろな種類があるが、ひとことでいえば、血液の単位容積内におけるヘモグロビン量が、通常より少なくなっている状態のことだ。

つまり、貧血は、血の量が少なくなるのではなく、血液中のヘモグロビンが減少し、酸素運搬能力が落ちた状態なのだ。

血液の酸素運搬機能が低下すると、脳や体細胞が酸欠状態になる。その結果、めまいが起きたり倒れたりする。

ちなみに、人間のヘモグロビン量は、1デシリットルあたり、成人男性が15・3グラム、女性は13・3グラムが平均的な値。男性は13グラム、女性は11グラム以下になると、貧血症状を起こしやすくなる。

「ニキビは数えると増える」説がひろまった事情
――数えただけでは増えない医学的根拠

ニキビは「青春のシンボル」といわれる。

ニキビは、性ホルモンのバランスが崩れたときにできやすい。思春期の若者がニキビに悩まされるのも、この性ホルモンが関係している。

性ホルモンの分泌は、思春期にとくに活発になる。ところが、まだ出始めなので、男性ホルモンと女性ホルモンのバランスがうまくとれない。だから、ニキビは思春期にもっとも出やすくなるというわけである。

もう一つ、ニキビはストレスによっても出やすくなる。たとえば、学生なら試験中、サラリーマンは入社したての5月ごろに、ニキビに悩む人が増える。思春期をとっくにすぎた中年男でも、吹き出物に悩まされている人は案外多いが、それもストレスが原因のことが多い。

ところで「ニキビは数えると増える」といわれてきた。古くからの俗説で、まことしやかに噂されてきたが、現代医学の目から見れば、根も葉もないウソ。

鏡に向かって数えると、自分の顔をまじまじと見ることになるわけで、新しいニキビを発見し、「あ、また増えている」と思ったことが、この俗説の発端となったのだろう。

ただし、ニキビを気にしすぎると、それがストレスになってますます増える、という可能性はゼロではないだろう。毎日、鏡とにらめっこ状態では、ストレスを再生産し、治るものも治らないということはあるかもしれない。

なお「ホクロを数えると増える」という俗説もあるが、こちらのほうもまったく根拠のない話である。

コラム 4

その常識、間違っています

「♂」「♀」マーク──アレのシンボルではない

小学校高学年で、性に目ざめたころ、男性と女性を表す、「♂」「♀」マークの形が気になったという人は、けっこう多いのではないだろうか。

妙にリアルな形に想像をふくらませ、この二つのマークをノートにいたずら描きして、知恵の輪のようにからめて遊んだ記憶があるという人もいるかもしれない。

ところが、それはまったくの勘違いである。この二つのマークがつくられたのは、古代エジプト時代のこと。「♂」は楯と矢の印で、もともとは兵士を意味し、そこから、男性を表すマークとなった。一方「♀」は、鏡を使う女性の姿を表している。

つまり、双方とも絵から成立した象形文字が、それぞれ男女を表すようになったというわけだ。

それが、やがて、生物学と医学用のシンボルマークとして転用されたものなのである。

第６章

「科学・自然の常識」のウラ

「馬の年齢を4倍したら人間の年齢になる」のウソ
——単純に4倍では解けない謎

サラブレッドは、2歳の夏からレースに出走することができる。たとえば、12月に行われる「阪神ジュベナイルフィリーズ」や「朝日杯フューチュリティステークス」は、2歳馬のためのG1レースだ。

馬の2歳は、人間でいえば8歳から12歳くらいにあたる。実際2歳馬のレースでは、小学生の運動会のように、ゲートに怯える馬がいたり、まっすぐ走れない馬がいたりと微笑ましく、そのかわいらしさがたまらないという競馬ファンも少なくない。

一般に「馬の年齢を4倍すると人間の年齢に相当する」といわれている。たしかに、馬が2歳の誕生日を迎えた頃が人間の8歳なら、馬の4歳のそれは高校生ぐらいで、馬の5歳のそれは20歳くらいに相当するというわけだ。

しかし、その一方で、単純に4倍すればいいのかという声もある。

たとえば、20歳を過ぎた種牡馬《しゅぼば》がまだ現役で、雌馬に種付けしていることもある。

馬の20歳は、単純に4倍すると人間の80歳に相当する。人間の80歳の老人には、とても考えられない元気さである。

そのため、年齢によって換算比率を変えたほうが、より実態に近いことも知られるようになっている。馬の年齢が1桁なら4倍。10代以降は3倍で計算するのである。これなら、20歳の種牡馬は、60歳となって、まだまだ元気なのも理解できる。

ただし、この方法だと、9歳の馬が人間の36歳で、10歳の馬が人間の30歳に相当するという逆転現象も起きる。

そのあたりは、まあ9歳の馬が34〜35歳、10歳の馬が36〜37歳くらいかなと、頭の中でウマく調整していただきたい。

「切り株の年輪を見ると、方角がわかる」は間違い
——日本人が知らない年輪の不思議な話

「森の中で道に迷ったら切り株を探せ」と教えるサバイバル術がある。切り株の年輪の形に注目すれば、方角がわかるというのである。

その教えによると、樹木は日の当たる側ほど早く生長するため、年輪の幅が広くなっているほうが南だという。この方法で方角を判断して、危うく助かったという話もまことしやかに伝わっている。

ところが、この話を素直に信じ込むと、〝伝説〟とはうらはらに、危険な目に遭う可能性が高くなるだろう。

たしかに、切り株の年輪を見ると、均等ではなく、必ずどちらか片側が幅広くなっている。

しかし、幅が広くなっているからといって、その方角が、南にあたるとは必ずしも限らないのである。

そもそも、樹木が太くなるのは、形成層で細胞が分裂して大きくなるから。そのことと、太陽光線の方向はまったく関係がない。

樹木は、根から吸収される養分や水分、葉の光合成によってつくられる糖分で生長する。だが、それらの養分は、樹木の中を一直線に上がったり下がったりするわけではなく、らせん状に上下している。そのため、樹木の南側だけが早く生長することは、ありえないのである。

樹木を切ってみると、切った部分によって、年輪の幅は違っているもので、その年輪の形と方角には、なんの関係もないのである。

「雷が鳴れば、梅雨明け」説の真相は?

――梅雨と雷の本当の関係

昔から「雷が鳴れば梅雨明け」といわれるが、これはかならずしも正しくはない。たしかに、梅雨も終わりに近づいた時期、雷鳴がとどろくことはあるのだが、雷は梅雨のはじめでも中頃でも鳴ることがあるのだ。

ただ、梅雨の終盤のほうが、雷が鳴る頻度が高いことは事実。夏が近づき、太平洋高気圧の勢いが強まると、地表が温められて上昇気流が発生しやすくなる。そんな日の午後から夕方にかけて、雷は鳴りやすくなるのだ。

そうした雷は「熱雷」と呼ばれ、激しい雷鳴、稲光、大粒の雨を伴うことが多い。短時間の間、バケツをひっくり返したような土砂降りになるが、それほど長くは降らない。そういう雷が鳴って、土砂降りになれば、夏は近いと思っていい。

「犬は雑種のほうが利口」説はどこから生まれた？
――そもそも利口な犬とは？

犬は、一般的に言って、純血種よりも、雑種（ミックス犬）のほうが、病気に強い。ただし、知能レベルに関しては、雑種のほうが純血種よりも賢いとはかぎらない。

そもそも、絶対的に利口な犬というのは、存在しないといっていい。その犬が利口といえるかどうかは、飼い主の飼い方やニーズによって、変わってくるからだ。

たとえば、ラブラドール・レトリーバーは、盲導犬に向いているなど、「賢い」とされる犬種だが、この犬を番犬として飼っても、あまり役には立たない。この犬種は、もとは狩猟や漁の手伝いをする犬であり、じっと留守番していることは得意ではないのだ。だから、この犬種を番犬に使って、「ラブラドールのわりにバカだ」といっても、それはお門違いというものだ。

というように、その犬種の得意なことと、飼い主の目的が合わなければ、駄犬と見られることになりやすい。一方、両者が一致すれば、「この犬は本当に賢い」ということになるのだ。

雑種の場合も同様で、たとえば、飼い主によくなつく雑種がいたとしても、それはその雑種にフレンドリーな犬種の血が流れていることが大きな理由。その犬を番犬や猟犬として使っても、あまり役には立たないだろう。

「マリモは生長するのに何百年もかかる」説はどこからきたか
――マリモの生態をめぐる謎

マリモは淡水で育つ緑藻植物。そのなかでも、北海道の阿寒湖のマリモは、世界的にも類を見ない大きさに育つことで知られている。

阿寒湖のマリモは、最大で直径30センチを超えるまでに生長し、かつてはそこまで生長するのに「何百年もかかる」といわれていた。しかし、それは、今では間違いということが明らかになっている。

そもそも「何百年もかかる」という説が広まっていたのは、マリモの生態がまだよくわかっていない頃の話。当時は、マリモの生長過程を長期観察した例がなかったのだ。そうした時期に、北海道を舞台にした映画で、「マリモは大きく育つのに何百年もかかる」と誤って紹介され、それを信じた人が少なくなかった。

しかし、その後、研究が進んで、今では、マリモは十数年間で30センチのサイズにまで育つことがわかっている。

「ゾウの墓場」伝説が広く信じられるようになった理由
——墓場伝説がアフリカに集中？

ゾウには、「ゾウの墓場」があるという話が、けっこう広く信じられている。「ゾウの墓場」といっても、人間がゾウを葬るためにつくった墓場ではない。ゾウだけが知るという「墓場」のことである。

アフリカに伝わる話によれば、ゾウは死期が近いのを悟ると、自ら群れを離れて、ゾウの墓場に行って死を迎えるのだという。図体はでかいが、心の優しそうなゾウが、群れから離れて墓場へ行き、ひっそりと死んでいく。想像するだけで、なんとも悲しい物語だが、本当にそんな墓場が存在するのだろうか。

じつは、この話が伝わるのはアフリカだけで、同じようにゾウが棲息するインドやタイでは聞かれない話だ。

もともと、アフリカで、何頭ものゾウが一カ所にかたまって死んでいるのが発見され、ゾウの墓場に違いないと考えられたようだ。ゾウの群れがかたまって死んでいたのは、伝染病が原因と考えられるが、それを発見した人が想像力を働かせて、ゾウの墓場伝説をつくり上げたのではないかとみられている。

また、ゾウは、日照りが続くと、水を求めてアフリカの乾いた大地をさまよい歩く。その途中で力尽きて死んだ場所が、人間もめったに行かないような、あたかも墓地のように思える寂しい場所だったのかもしれない。

「ダチョウは危険が迫ると、砂に頭を突っ込む」のウソ
——誤解を招いたダチョウの習性

ダチョウは、敵に遭遇したとき、砂に頭を突っ込んで隠れたつもりになるといわ

れている。そういえば、アメリカのアニメで、あわてたダチョウが、砂に頭を突っ込んでいるシーンを見たことがあるという人もいるのではないだろうか。

ところが、動物学者によると、ダチョウは現実にはそんなバカな行動をしないという。では、なぜそのような行動をとると思われたのだろうか？

ダチョウは、危険が迫ったとき、とっさに上体をかがめることがある。頭高3メートルにもなる巨体を隠すためで、この習性から、危険が迫ると砂に頭を突っ込むという俗説が生まれたのではないかと考えられている。

上体をかがめても、敵がさらに接近してくれば、ほかの動物と同じようにダチョウも走って逃げる。その逃げ足は、時速90キロメートルぐらい。動物界でもトップクラスのスピードを誇る。むろん、鳥の中では走力ナンバー1である。

「月の裏側を見ることはできない」とはいえない
——月の裏側を地球から見るコツ

「月では、ウサギが餅つきをしているよ」「あっ、本当だ！」という会話をかわしたのは、子どものころのことだろう。しかし、大人になってから月を見上げても、ウサギは休むことなく餅をつき続けている。

これは、地球からは、月の同じ側ばかりが見えることを示している。

もし、月の裏側が見えるのであれば、ときにはウサギの餅つきとは違う模様が見えるはずである。

「月の裏側は見えない」のには、以下のような理由がある。

月は、地球の周りを27日と3分の1ぐらいで公転しているが、地球の周りを1回公転する間に、月自体も1回自転している。たとえば、部屋の真ん中に誰か（地球）を立たせておいて、その人のほうを向きながら、その人の周りを1周するようなものである。自分の体（月）は、部屋の真ん中で立つ人の周りを1周（公転）しながら、自分も1回転（自転）したことになる。このとき、真ん中に立っている人（地球）には、周りを回った人（月）の背中は見えない。

したがって、地球から月を見ても、いつもウサギが餅つきをする表側だけが見えて、その裏側は見えないということになる。

しかし、現実には、月の裏側がまったく見えないわけではない。月の公転はスピードが一様ではなく、また南北の軸が少し傾いているので、南と北の端のほうが多少は見えるのだ。そうやって見える部分を総計すれば、月の裏側の6割ぐらいは観察できる。昔は、研究者たちが、望遠鏡で月の表面をのぞき、その様子を推測していた。

もっとも、現在では、人工衛星で撮影した写真によって、月の裏側を詳しく観察できる。初めて月の裏側が撮影されたのは、1959年（昭和34）10月のこと。ソ連（当時）の月ロケットによって写真撮影され、裏面にも凸凹した大きな山や海があることがわかった。その山や海には、確認したソ連にちなんで、「ソビエツキー山脈」や「モスクワの海」といった名がつけられている。

「白鳥は死ぬ前に一度美しい声で鳴く」説の真相は？
――白鳥の歌の伝説が生まれた理由とは

音楽家の死ぬ前の最後の作曲や演奏のことを「白鳥の歌」という。

これは、ふだんほとんど鳴くことのない白鳥が、死ぬ直前には美しい声で歌うと、古くから信じられてきたからである。といえば、そんな話は初耳だなあという人もいるだろう。じつは、ヨーロッパではよく知られている話であり、そのルーツは古代ギリシア時代までたどることができる。

当時の人々は、白鳥のことを音楽の神アポロンが創り出した生き物と考えていたため、死ぬ直前には、アポロンを讃えて歌を歌うと信じていたのだ。

たとえば、プラトンは、対話篇『パイドン』で、ソクラテスに「白鳥が死ぬときに歌うのは、哀しみや嘆きゆえではない。白鳥は、アポロンから未来を占う力を与えられているので、ハデスの国で待っているいろいろなよいことを予見できるからなのだ」といわせている。

その後、シェークスピアやバイロンといった偉大な作家や詩人が、この伝説を作品中で何度も取り上げ、ヨーロッパを中心に「白鳥は歌いながら毅然と死んでいく」というイメージが広まったのである。

しかし、現実には、死ぬ直前、白鳥が歌うことはない。ふだんもほとんど鳴き声をあげず、種類によっては「ミュートスワン」と呼ばれている。このミュートとは、テレビやオーディオの音声を消す、あのミュートである。

そもそも、白鳥の声は、あの美しい姿に似合わない相当な悪声。ガーガーと騒々しく、アヒルなどとあまり変わりがない。

「タヌキのタヌキ寝入り」は現実と違う

——その習性が誤解され…

誰でも一度や二度は、タヌキ寝入りをしたことがあるだろう。「ここは眠ったふりをしたほうがいい」と思うようなときが、人生には一度や二度はあるものだ。

この「タヌキ寝入り」という言葉は、もちろんタヌキの習性に由来する言葉だが、かといって、タヌキが寝たふりをするのが上手というわけではない。この言葉は、ちょっとした誤解から生まれたものだという。

木曽地方に伝わる次のようなエピソードがある。猟師が山でタヌキに出会ったところ、急にひっくり返った。死んだものと思った猟師が、肩にかついで帰ったら、ふいに生き返って逃げられてしまった。それで、猟師は「タヌキは死んだふりをして人をだます」と考えるようになったという。

実際、タヌキは、急にひっくり返って動かなくなることがある。ところが、それは、タヌキが意図的に眠ったふりをしているのではない。気絶しているのである。そもそも、タヌキは非常に臆病な動物で、人やイヌなどに出会うとびっくりして気絶してしまうことがある。だが、時間が経つと、目覚めて逃げ出していく。

昔の人は、この習性を「タヌキが眠ったふりをする」と考え、「タヌキ寝入り」という言葉が生まれたのである。

「フクロウは暗闇でも目が見える」を信じてはいけない
――見えてなくても活動できる理由

フクロウは、闇の中でよく光る目をもち、暗闇でも獲物をつかまえるので、夜でも目が見えると思っている人が多いだろう。

ところが、意外なことに、フクロウの夜間視力は人間と同程度なのである。といえば「えっ？」と驚く人もいるだろうが、フクロウも夜になると、月明かりを頼りにして、周囲がかすかに見える程度なのである。

ではなぜ、暗闇で、ネズミやヘビをつかまえられるかといえば、人間とは比べものにならないほど高性能の「耳」をもっているからである。

フクロウは、頭をレーダーのように動かし、左右の耳で音を聞くことによって、音源を探知する。たとえば、ネズミが落ち葉の上を歩きながら、コソコソと音をたてると、頭を動かしてその音を聞く。すると、その音が左右の耳に届くまでに、わずかな時間差が生まれる。その時間差から、ネズミのいる場所を正確に割り出して襲いかかるのである。

人間が両目を使って遠近感を測定するのと同じことを、フクロウは耳で行っているというわけだ。つまり、フクロウは、目が人間とどっこいどっこいの性能でも、聴力がきわめて発達しているため、夜行性動物として生きていけるのである。

「サメは砂糖水を飲むと死んでしまう」説には裏がある ——医学的根拠はないのに…

「サメは砂糖水を飲むと死んでしまう」という説がある。

じつはこの話は、フォルコ・クィリチの『青い大陸』という本で紹介され、世界じゅうでよく語られてきた話である。

その本によれば、イタリアの水中探検隊が、紅海のダラック諸島近海を調査していたとき、釣り針にかかったサメを引き上げた。すると、ボートの上で大暴れ。そのとき、クィリチは「いまこそ、サメが甘い水を飲むとコロリと死ぬという大昔からのいい伝えを証明するときがきた」と思いついた。

そして、砂糖水入りの紅茶をサメの口へ流し込んだところ、本当にぐったりして死んでしまったという。

ところが、専門家は、サメが砂糖水を飲むと死ぬことなど、医学的にありえないと反論している。

だから、砂糖水入りの紅茶を飲ませたら死んだというそのサメも、なんらかの死因がほかにあったからではないかという。

コラム 5

その常識、間違っています
数字――3と8は吉数とはいえない

日本では「3」と「8」は縁起のいい数字とされている。世界的に見ても、この「3」と「8」を嫌う国や地域は、ほとんど見当たらないのだが、ただ1か国だけ不吉とする国がある。ネパールである。

まず「3」は、葬式のとき3人1組で列をつくるところから、不吉な数字と考える。そのため、ふだんでも、商売の旅に出るときは、3人1組で行ってはいけないとか、後ろ手を組んだ人が3人で並んで歩いてはいけないとかいわれている。

その「3」以上に、ネパールで嫌われているのが「8」である。これは、国民の約80％が信仰するヒンドゥー教に由来する。

ヒンドゥー教では、8歳、18歳、28歳と、8のつく年が厄年に相当するのだ。そのため、電話番号、クルマのナンバー、銀行の口座番号なども、「8」は嫌われているようだ。

〈参考文献〉

「日本史用語集」全国歴史教育研究協議会編（山川出版社）／「異説日本史事典」樋口清之監修（三省堂）／「織田信長合戦全録」谷口克広（中公新書）／「真説赤穂銘々伝」童門冬二（平凡社新書）／「日本の城の謎」井上宗和（祥伝社）／「日本史の謎と素顔」佐治芳彦（日本文芸社）／「日本列島なぞふしぎ旅」山本鉱太郎（新人物往来社）／「不思議日本史」南條範夫監修（主婦と生活社）／「歴史パズル」吉岡力「江戸城大奥の謎」邦光史郎（以上、光文社）／「日本史有名人の子孫たち」「日本史知ってるつもり」（以上、新人物往来社）／「戦国ものしり１０１の考証」稲垣史生（ＫＫロングセラーズ）／「時代劇博物館」島野功緒（教養文庫）／「続間違いだらけの時代劇」名和弓雄（河出文庫）／「日本風俗の起源９９の謎」樋口清之／「雑学日本史こぼれ話」太田公（読売新聞社）／「１００問１００答日本の歴史」歴史教育者協議会編（河出書房新社）／「にっぽん歴史秘話」秋吉茂（河出文庫）／「東京の地名がわかる事典」鈴木理生（日本実業出版社）／「世界の歴史」（中央公論社）／「世界不思議百科」コリン・ウィルソン、ダモン・ウィルソン（青土社）／「ザ・ワルチンブック1〜3」デヴィッド・ワルチンスキー、アーヴィン・ウォーレス（集英社）／「これは意外！」「世界不思議物語」リーダーズダイジェスト社

＊本書は、『その歴史常識にはウラがある！』（青春出版社／２００５年）、『その常識にはウラがある！』（同／２００４年）、『日本人の常識 １３３のウソ』（同／２００２年）に新たな情報を加え、再編集したものです。

青春文庫

〝うのみ〟にしてたら、恥《はじ》をかく
日本人《にほんじん》の常識《じょうしき》

2024年12月20日 第1刷

編　者　話題《わだい》の達人《たつじん》倶楽部《くらぶ》
発行者　小澤源太郎
責任編集　株式会社プライム涌光
発行所　株式会社青春出版社

〒162-0056 東京都新宿区若松町12-1
電話 03-3203-2850（編集部）
03-3207-1916（営業部）
振替番号 00190-7-98602

印刷／三松堂
製本／ナショナル製本
ISBN 978-4-413-29865-0

ほんとうのあなたに出逢う　青春文庫

250年前にタイム・スリップ！
見てきたようによくわかる
蔦屋重三郎と江戸の風俗

日本史深掘り講座［編］

浮世絵、出版事情、吉原の謎、江戸の外食ビジネス……〝江戸のメディア王〟が躍動した時代の人々の楽しみがわかる。

（SE-863）

腹横筋ブレスで
「お腹《なか》」がスキッとしまる！

長坂靖子

ぽっこりつき出たお腹や、わき腹肉も、「腹横筋ブレス」の呼吸とストレッチで解消。あっという間にくびれウエストになる！

（SE-864）

〝うのみ〟にしてたら、恥をかく
日本人の常識

話題の達人倶楽部［編］

白黒つけたら、ぜんぶウソだった！　2月と8月は景気が悪い。赤ワインは冷やさない…ほか　大人なら知っておきたい新常識

（SE-865）

ひとつ上のビジネス教養
モノの由来
世にも意外な「はじまり」の物語

知的生活追跡班［編］

世界を変えた大ヒット商品のルーツから、奥深き「食」の源流、身近なモノの起源の謎まで――そこには、奇跡の誕生が待っていた。

（SE-866）